Poemas del reencuentro
(Antología personal)

Piedra de la Locura

Colección
Homenaje a Alejandra Pizarnik

Homage to Alejandra Pizarnik
Collection
Stone of Madness

Julieta Dobles

POEMAS DEL REENCUENTRO

(ANTOLOGÍA PERSONAL)

Nueva York Poetry Press

Nueva York Poetry Press LLC
128 Madison Avenue, Oficina 2RN
New York, NY 10016, USA
Teléfono: +1(929)354-7778
nuevayork.poetrypress@gmail.com
www.nuevayorkpoetrypress.com

**Poemas del reencuentro
(Antología personal)
© 2019 Julieta Dobles**

ISBN-13: 978-1-950474-14-1
ISBN-10: 1-950474-14-3

© *Stone of Madness* Collection *vol. 5*
Personal Anthologies
(Homage to Alejandra Pizarnik)

© Prologue & Blurb::
Gabriel Vargas Acuña

© Publisher/Editor-in-chief:
Marisa Russo

© Graphic Designer:
William Velásquez Vásquez

© Layout Designer:
Agustina Andrade

© Author's Photographs:
Author's personal archive
Luis Rodríguez Romero

© Cover Artist:
Maestro Ricardo Chancafe
Poema VIII
Oleo sobre tela
(62x48 in.)

Julieta Dobles
Poemas del reencuentro (Antología personal) /Julieta Dobles; 1a edi-- New York: Nueva York Poetry Press, 2018. 250 pp. 6"x9".

1. Costa Rican Poetry 2. Central American Poetry 3. Latin American Literature

All rights reserved. No part of this publication may be reproduced, distributed, or transmitted in any form or by any means, including photocopying, recording, or other electronic or mechanical methods, without the prior written permission of the publisher, except in the case of brief quotations embodied in critical reviews and certain other non-commercial uses permitted by copyright law. For permissions contact the publisher at: nuevayork.poetrypress@gmail.com.

*A mis hijos
Jorge, Esteban, Federico, Rolando y Ángela
porque siempre han estado en mi poesía y en mi amor.*

Poemas del reencuentro,
la perfecta antología de Julieta Dobles

GABRIEL VARGAS ACUÑA

> *Poesía, / única devoción que me marca mis días, / me configura el vuelo y lo acompasa. / Solitario reencuentro cotidiano/ con mi fibra más honda, / en este remezón de alientos y palabras/ que me inunda y me llama y me convoca. / Sólo mi muerte apagará tus voces.*
>
> J.D. *Trampas al tiempo*

Desde sus primeros libros, a mediados de los años 60, la poeta costarricense Julieta Dobles conquistó la admiración de los lectores y la elogiosa crítica de los entendidos. En la prensa cultural de esos años, y hasta la actualidad, se leen criterios como los siguientes:

> Sus pasos ya recorridos en tan dulce calvario indican sólidas posibilidades para que llegue a ser llamada nuestra gran poetisa.[1]

> Julieta Dobles ha alcanzado ya su plena madurez poética. No es posible discutirle ni poner en duda su capitanía. Capitanía que ha alcanzado a fuerza de trabajo y silencio.[2]
> Es la más alta representante de la poesía femenina costarricense.[3]

> Una viajera demasiado azul confirma categóricamente que Julieta Dobles es la mejor poetisa en toda la historia de Costa Rica. [4]

---

[1] El peso vivo. Contrapunto. San José, Costa Rica, 21 junio, 1968.
[2] Alberto Cañas. *Chisporroteos*. La República. San José, Costa Rica. 28 mayo, 1987.
[3] Alberto Cañas. *Chisporroteos*. La República. 20 noviembre, 1992
[4] Enrique Tovar. La República. 15 julio, 1993.

Ese reconocimiento, que le ha valido los más importantes premios en Costa Rica, ha trascendido las fronteras del país y hace rato le conquistó a la autora un nombre a nivel iberoamericano. Una muestra de su proyección internacional es que en el año 1981 ganó el primer accésit al *Premio Adonáis*, uno de los principales galardones en la poesía española actual. Con motivo de esa distinción, el ilustre poeta español Rafael Morales expresó el siguiente juicio sobre la autora:

> Conozco los libros de esta autora y en todos he advertido como fundamento y sin fallo alguno un hondo latido humano, una honda palpitación del espíritu, los cuales creo son los rasgos que han llamado la atención a la crítica centroamericana al juzgar a esta gran poetisa.[5]

La obra de Julieta Dobles

Aunque Julieta Dobles es una autora con su propia identidad, para referirnos a su obra hace falta ubicarla en la historia de la literatura nacional. Su generación, se suele denominar como "del 60" por haber empezado los autores a publicar en esa década del pasado siglo, o de la "posvanguardia", porque sus primeras obras aparecieron cuando ya había pasado la racha transformadora llamada vanguardia. Forma parte ella de un contingente de nuevos poetas que irrumpen en el medio costarricense con el afán de renovar completamente la poesía. Aunque existen diversas iniciativas al respecto, el grupo más característico de ese momento es el Círculo de Poetas Costarricenses. La autora se incorpora a esa organización hacia 1964 y, en su seno, empieza a publicar su obra. Hasta la actualidad, han transcurrido casi 55

---

[5] Áncora. La Nación. 24 enero, 1982.

años, durante los cuales su poesía ha evolucionado mucho y ofrecido frutos muy particulares y diversos.

Si bien existen etapas en la literatura de un país, también puede haberlas en la literatura de un determinado autor. Es posible, por tanto, proponer una periodización de la obra de Julieta Dobles.

I Período (1965-1980). Los tres libros ubicados en este período se podrían denominar "Poemas de la búsqueda" porque se presentan como indagaciones del *yo* sobre su existencia, sobre el otro, sobre el universo que le rodea.

Reloj de siempre, data de 1965. Está formado por 10 poemas aparentemente muy escogidos y trabajados, lo que muestra la temprana autodisciplina de la autora. Son textos donde se imbrican los temas del amor y de la angustia existencial. Rasgo notable es el uso de la pregunta retórica, que denota la búsqueda de sentido a la existencia: *¿Y nosotros?/ ¿Nuestro grito redondo,/ como un nuevo planeta/ girando ante el silencio? (p.55).*

El peso vivo, de 1968, es el segundo libro publicado. La mayor parte de los poemas continúa la temática intimista, aunque en algunos empieza a manifestarse un rasgo que se mostrará mejor más adelante: la preocupación social enfocada desde una perspectiva existencial, por ejemplo, la guerra o la infancia desvalida. En cuanto a forma, en este libro es frecuente el diálogo, como recurso para introducir el *tú* en el poema: *—¡Huye de lo que amas/ antes de que tus manos te abandonen! —¡Huye! —Tu corazón no quiere ser un cacto/ en la tierra amarilla de los que no volvieron. —Pero, ¿quién puede huir de su propio latido?*

Los pasos terrestres, publicado en 1976, recibió el prestigioso premio Editorial Costa Rica de ese año. Empieza a manifestarse un rasgo que va a dominar gran parte de la obra de la autora: la unidad temática; es decir, la tendencia a dedicar libros completos a la exploración de un tópico. Aunque en este libro se tratan diversos temas, predominan claramente la maternidad y la familia. El amor y la angustia existencial, que dominan las obras anteriores, en este libro aparecen integrados: *Ni siquiera tú, amor,/ tú, que has partido en hijos mi soledad,/ tú que estremeces cada flor de mi piel bajo tu mano,/ tú, pequeño en el hijo,/ hombre en la noche inmensa, /¿ni siquiera tú iras a mi terrible soledad mañana?*

II período (1982-2003)

Poemas de la nostalgia. En los libros publicados entre 1981 y 2003 se encuentran temas sociales, amorosos, políticos, culturales..., pero hay un sentimiento que media el tratamiento de cada uno de estos. La nostalgia (etimológicamente dolor por el regreso), sin ser un tema por sí, actúa como un mecanismo de memoria que se nutre de imágenes y por tanto de material potencialmente poético.

Hora de lejanías (1982) es el libro que inaugura este tratamiento nostálgico de los temas que va a nutrir gran parte de la obra de la autora. En la fecha de su publicación, la poeta ya se ha trasladado con su familia a Europa con el fin de realizar estudios. Como se ha dicho anteriormente, este libro recibió el accésit o segundo premio del *Premio Adonáis*. Los poemas, firmados en distintos sitios emblemáticos de la geografía española, son casi todos referencias emocionadas a sus propias vivencias antiguas o recientes en relación con el paisaje y elementos de esa tierra. La nostalgia se muestra como el placer o el deber de retornar al origen: *He regresado, abuelos,/ a esta tierra de tiempo detenido,/ donde la uva crea/ año a año, su antigua ceremonia, / y la sed de la arcilla / toma formas / extrañas en la oscura raíz de los olivos.*

<u>Los delitos de Pandora</u> (1987). Este poemario, dedicado a la mujer y a sus luchas en la actualidad, es muy particular en la obra de Dobles. Puede definirse como un libro de tesis porque privilegia el concepto sobre la imagen, incorpora conocimiento técnico y plantea una posición casi literal sobre la mujer y el hombre: *No hubo mano de hombre o de mujer, / hubo manos que hicieron, / hoy también necesarias / desde las dos fronteras: / guerra silente / del calor y su llama, / inexplicablemente desgarrados.* La nostalgia en ese libro no aparece como un recuerdo preciado sino como una tesis antropológica según la cual hombre y mujer en un pasado remoto lucharon unidos.

<u>Una viajera demasiado azul</u> (1990) es un libro de viajes. La propia autora nos explica en qué se diferencian la prosa y la poesía de viajes: *El paisaje exterior se trasmuta en paisaje interior, y nos enriquece. En algunos de estos poemas no hay movimiento externo perceptible, sólo el viaje hacia las profundidades, a partir de una circunstancia aparentemente inmóvil. Allí está la diferencia fundamental del poema con la crónica de viajes* (p.7).[6] En efecto, en este libro la imagen de paisajes o entornos a los que se ha viajado, suele estar en función de la emoción, de la reflexión del yo:

> *El romero desborda los caminos de piedra, / el romero se yergue / en sus verdes candelas olorosas, / el romero estalla y se recoge, / incienso leve, / el más humilde incienso de este mundo, / llevando, / como un órgano vivo de múltiples acordes / éste, su aroma casi sonoro, / casi musical, / a todos los rincones de ese templo / cóncavo, azul, sereno y aromático / que son los cielos de Jerusalén.*

---

[6] <u>Una viajera demasiado azul</u>. 1990. Prólogo.

Amar en Jerusalén (1992) es un libro sobre la pérdida del amor en el ambiente exótico y sensual del Levante. Mediante el recurso de la antítesis, se usan las imágenes del lugar ameno para contrastar el relato del proceso de ruptura de la pareja. De ese contraste deriva un profundo sentimiento de nostalgia. A esa obra pertenece uno de los poemas más populares de la autora, tal vez el que más le solicitan leer en recitales y, con seguridad, uno de sus preferidos ("Elogio de los senos"): *Y entonces fue mi orgullo ser distinta, / femenina y fecunda, como la tierra misma, / nutricia y dulce, apetecida/ como una fruta extraña/ que da sin agotar sus mieles y frescuras.*

Casas de la memoria (editado en 2003). Este libro, si se considera su tono claramente nostálgico, parece ser producto de un proyecto iniciado varios años antes de la publicación. La costumbre de la autora de generar libros con unidad temática, sugiere que venía acumulando poemas relativos a las casas y que la colección propuesta la terminó hacia el año 2000, fecha en que la presentó al concurso de la Universidad Costa Rica. El editor señala que Dobles se ha propuesto "armonizar la poesía con el relato" (Contraportada)[7]; mientras que la propia autora dice que al terminar su obra se dio cuenta de que había escrito una autobiografía [8]. Ejemplo del sentimiento que recorre estos poemas es el poema a la casa de Misty Road, en Nueva York: *Casa donde la luna/ daba un beso azulado en las noches de nieve,/ casa donde la infancia plenaria de los hijos/ confortó con un beso de siempres y de nuncas/ la perenne nostalgia que lengua y patria ausentes/ convocan en la noche sin raíz del exilio.*

---

[7] Casas de la memoria. 2004. Contraportada.
[8] Eric French. Presentación nuevo libro de Julieta Dobles. La Nación. 6 julio, 2004.

III Período (1997-2007)

Poemas de la celebración cabe denominar a una vasta producción que se da en una intensa década generadora de cinco libros que totalizan más de la mitad de la obra de la autora hasta el momento. La naturaleza costarricense, el don de la vida, los hijos y nietos, el paisaje de nuestras ciudades y, sobre todo, el amor de pareja, son descritos con fruición y celebrados con júbilo.

<u>Costa Rica poema a poema</u> (1997) es el libro más voluminoso de Dobles: 52 poemas relativamente extensos. Es evidente que se trata de un ambicioso proyecto que busca dar cuenta poéticamente de los emblemas de la nacionalidad costarricense: flores, árboles, cultivos, platos, paisaje, ciudades, costumbres, geografía, clima… Los poemas pueden considerarse "odas modernas", ya que no cumplen con las condiciones estructurales del subgénero clásico y por estar en verso libre. De la oda, sí se cumplen el lirismo, el deseo de exaltar el objeto, el propósito de conmover al receptor. En relación con los antecedentes de este subgénero en la literatura hispanoamericana, puede pensarse en Pablo Neruda y sus <u>Odas elementales,</u> pero las odas de Dobles rehúyen la futilidad y el humor cordial que a veces usa el poeta chileno. La oda al modesto árbol de cas tiene también su solemnidad:

> *En casa de mis padres reina un árbol de cas./ De todos los árboles sembrados por la mano paterna/ sólo el cas sobrevivió las plagas,/ el rencor de la hormiga,/ la saña del gusano y del tiempo, feroces./ Y se yergue en el patio su follaje de himno,/ su claro tronco por donde el cielo baja/ puntual, todas las tardes./ Su copa sigue siendo la escalera secreta/ de los niños que, ocultos en su verde/ burbuja esplendorosa,/ intercambian las sorpresas del mundo.*

Poemas para arrepentidos (2003). La prologuista de esta edición, P. Von Meyer, dice: "La aparición de un nuevo poemario de Julieta Dobles es siempre una celebración…"[9]. Con ello subraya la condición de este libro: expresión de gozo ante el mundo, ya no el natural y cósmico, sino el personal, que debe ser vivido con intensidad. El libro, mediante definición negativa, nos conduce a una tesis clara: es necesario arrepentirse de no afrontar los retos de la vida, de no amar, de negarse al amor, de no hacer lo que debe hacerse. El yo se reta a sí mismo a vivir la vida: *Somos todas las notas y todos sus silencios. / Abrid más la ventana. / quiero vibrar, contagiada de mundo, / sensible de belleza hasta el dolor, / éxtasis de mí misma en comunión con todos.*

Fuera de álbum (2005). En este libro inicia una tendencia que va a tener mayor desarrollo más adelante: no se trata de poemas con unidad temática, sino con unidad de tratamiento, de actitud del yo ante el objeto. "Paisajes del asombro", "Retratos contra el tiempo", "Instantáneas de la casa cerrada" son capítulos en los cuales se van aglutinando por afinidad ejercicios poéticos puntuales, en los cuales un hecho, una persona, una imagen se amplifican y profundizan. Los objetos antiguos o desaparecidos se retratan para el recuerdo:

> *La materia es tan sorda, / mi llanto tan espeso y tan urgente/ que tan solo me queda este poema/ donde converso a solas con la ausencia, / frente a aquel patio nuestro, / donde los árboles ancianos/ sembrados por la mano paterna/ —¿los recuerdas en su cortina de abandonos?— / se nos mueren también.*

---

[9] Peggy Von Meyer. Poemas para arrepentidos. 2003. (Proemio).

Cartas a Camila (2007). Este libro es sui géneris en la obra de Julieta. El primer rasgo diferenciador es el recurso epistolar: cartas a la pequeña nieta gravemente enferma. El segundo rasgo es el tono coloquial: lenguaje sencillo y casi siempre directo. Aunque se trata de una dolorosa situación, puede sostenerse la tesis de que este es también un libro de celebración porque constantemente se exalta la bendición que ella representa para la solícita abuela y el resto de la familia. Se dice en una de las cartas:

> Desde *muy pronto saludaste, / asombro sobre asombro, / a padres, tíos y abuelos con tu índice elocuente, / en medio de la niebla de colores/ que el papel nos devuelve. / Y te encanta volver y repetir/ sobre las mismas fotos, / tu breve y amorosa ceremonia, / como si hace siglos compartieras estrellas/ con toda la familia.*

Hojas furtivas (2007). Es un libro muy narrativo, abundante de verbos de acción (*suben, recorren, lucho, lanza, subleva, aventura, inunda, entras, sacudió...*) en el que se refiere una historia de amor erótico, desde su prólogo hasta su epílogo. Hermosamente explícita, con metáforas sutiles y adjetivos inusitados, es la narración referida a un *tú*, a un misterioso compañero que parece una sombra amatoria, un sueño, una ilusión. *Tu voz y mi voz se están amando/ entrecortadas, susurrantes, / plenas de excitaciones, de turgencias, / de alientos agresivos o ternísimos, / entre un silencio despeinado y gozoso. / Palabras que se tocan,/ se muerden, se estremecen/ en esa enredadera de deseos/ que es sólo aire empapado y aromoso./ Hacemos el amor también con la palabra.*

IV Período (2014 a la actualidad)

Poemas del esplendor. Con respecto a sus dos últimos libros, Julieta ha declarado que "hay un cambio: ya no interesa tanto la unidad temática sino la particularidad de los fenómenos poetizados"[10]. En efecto, son colecciones de poemas autónomos que se sustentan cada uno en una reflexión sobre la belleza y grandiosidad de algún aspecto de la naturaleza o la humanidad. La unidad del poemario está dada por el tratamiento del mensaje, por la actitud reflexiva del yo ante el objeto

Trampas al tiempo (2014).

En su madurez, la poeta está extasiada ante la belleza y profundidad del mundo. Describe con la maestría que le dan el talento y el oficio, se emociona, pero, indefectiblemente, reflexiona y cierra con un corolario o conclusión. *Poesía, / única devoción que me marca mis días, / me configura el vuelo y lo acompasa. / Solitario reencuentro cotidiano/ con mi fibra más honda, / en este remezón de alientos y palabras/ que me inunda y me llama y me convoca. / Sólo mi muerte apagará tus voces.*

Poemas del esplendor (2016). En forma general, este libro continúa la línea trazada por el anterior de profundizar en un hecho esplendoroso de la naturaleza o de la humanidad y derivar una conclusión o una enseñanza; no obstante, en esta ocasión, la poeta profundiza más en ese determinado aspecto haciendo uso de una pertinente información científica, expresada ésta en términos poéticos. El último poema de esta antología es una muestra de su conocimiento de

---

[10] Julieta Dobles. Comunicación Personal. 2016.

ciencias naturales y de su capacidad de usarlo para encontrar un simbolismo en un hecho de la geografía. Véase un fragmento de "Paradojas del río": *Recorrerás, viajero,/ toda la mansedumbre del Sierpe silencioso/ y la congoja de sus lirios flotantes/ que huyen de la muerte entre marea y marea,/ una y otra vez,/ para asegurar, entre asombro y asombro,/ que algunos ríos sí se devuelven.*

La formación de una poeta

Desde sus primeras publicaciones, en la década de los 60 en el pasado siglo, y hasta nuestros días, la crítica ha considerado la obra de Julieta Dobles como preponderante en la poesía costarricense y la ha calificado como: *prometedora, descollante, excelente,* etc.

> " existen sólidas posibilidades para que llegue a ser nuestra gran poetisa" [11]
> "… es la primera poetisa costarricense que alcanza ciertos niveles indispensables de calidad de mensaje."[12]
> "… es la mejor poetisa en toda la historia de Costa Rica" [13]
> "Ninguno de los mejores poetas de su generación se ha acercado con tanto amor a nuestra naturaleza, a nuestra realidad visible, a nuestro paisaje, ni a la verdad psicológica de nuestro país." [14]

No es posible, ni corresponde a estas notas preliminares, constatar la certeza de tan elogiosos criterios. Lo que si resulta posible es examinar la trayectoria de la poeta con el fin de conocer el proceso mediante el cual se ha desarrollado su obra, las diversas etapas de esta y sus respectivos aportes, la

---

[11] El peso vivo. La República. *Contrapunto.* 21 junio, 1968.
[12] L. Albán. Poesía contra poesía. (Costa Rica: Líneas Grises, 1970) p. 48.
[13] Enrique Tovar. La República. 15 julio, 1993.
[14] Acta Jurado Premio Magón. La Nación. 20 enero, 2014 (www.nacion.com).

relevancia de su temática y la consistencia de su mensaje, mejor dicho, identificar su particular contribución a la poesía costarricense e hispanoamericana.

La disciplina del Círculo

Aunque entonces era de recientísima fundación, Julieta ingresó en 1964 al Círculo de Poetas Costarricenses. Era el Círculo una organización de escritores jóvenes dispuestos a transformar la poesía de Costa Rica mediante el estudio, la sana crítica y el trabajo disciplinado (Cfr. L. Albán. Poesía contra poesía, Ed. Líneas Grises, 1970)[15]. El principal recurso de estos entusiastas era el taller literario, modalidad de discusión literaria que no se había practicado sistemáticamente en el país.

Julieta, que iniciaba estudios en la universidad, ya tenía cierta poesía juvenil que los sinceros integrantes del taller consideraron "buena pero muy tradicional". De ahí en adelante, la incipiente autora adoptó la costumbre de leer a los otros sus obras, permanecer en silencio durante los comentarios a menudo muy severos, considerar después posibles correcciones o inclusive la destrucción de la versión inicial. Esta disciplina, como bien saben los que la han practicado, aunque genera incomodidad es uno de los mejores medios para perfeccionar los trabajos literarios.

Véase un ejemplo de crítica propia de taller incluida en el mencionado libro Poesía contra poesía (p. 48): "A pesar de que la poetisa denota siempre una gran naturalidad expresiva, a veces usa literatura innecesaria, y elementos semánticos y fónicos sin suficiente contenido existencial".[16]

---

[15] Cfr. L. Albán. Op. Cit.
[16] L . Albán. Op. Cit. P.48.

En la actualidad, transcurridos más de 50 años de ejercicio literario, aunque ya no existe el originario taller del Círculo de Poetas Costarricenses, Julieta está incorporada a otro taller (Grupo *Poiesis* dirigido por R. Bonilla) donde lee al lado de autores novatos y avezados, escucha con paciencia las observaciones y prepara nuevas versiones. De esa manera, no solo retroalimenta su creación sino que enseña a otros los recursos del oficio. Esta sana disciplina, que suelen abandonar los consagrados, ella la práctica en forma asidua y puede ser uno de los factores que garantizan la calidad de su trabajo y amplían su influencia en las nuevas generaciones.

El Manifiesto Trascendentalista

En 1977, varios de los más activos talleristas del Círculo (L. Albán, R. Bonilla, C. F. Monge y Julieta Dobles) presentan un extenso y razonado manifiesto o declaración de principios, denominado Manifiesto trascendentalista [17], el cual busca definir, en términos ideales, la poesía lírica que se proponen escribir. El documento en su integridad es una valiosa reflexión sobre el proceso de creación poética, desde la vivencia trascendental del *yo* hasta el poema, como expresión concreta por medio de los procedimientos consagrados por la tradición literaria. Implícita o explícitamente, esta posición sostiene que en el poema lírico no se deben usar recursos propios de otros géneros (narración, coloquio, argumentación, oratoria, etc.), ni contenidos propios de otras formas de conocimiento (ciencia natural o ciencia social).

A continuación puede observarse cómo varios de los valiosos principios propuestos en el Manifiesto se concretan en la obra de Julieta Dobles, así como algunos de estos son

---

[17] L. Albán y otros. Manifiesto trascendentalista. Costa Rica: Editorial Costa Rica, 1977. 190 p.

obviados en determinado momento por la autora. Esta observación puede contribuir a reconocer la identidad de su particular obra.

El poeta debe ser iluminado y sensible, no cínico ni escéptico. (MT, p.105)

Un principio como este se manifiesta claramente a lo largo de la obra de Dobles. En el prólogo de su segundo libro El peso vivo (1968), la autora señala que "la poesía es un acto de fe". Muchos años después, en la contraportada de su último libro (Poemas del esplendor, 2016) afirma: "En este siglo tan incrédulo, tan relativista, tan escéptico y tan difícil de deslumbrar (…) hay un esplendor bellísimo en lo que atañe a la naturaleza (…) y los valores humanos." Por su parte, el crítico dominicano B. R. Candelier identifica esta característica en la obra: "Fiel a la estética trascendentalista, devota de la memoria raigal de sus ancestros y depositaria del amor puro y genuino, Julieta Dobles hace de la creación poética la expresión que confirma que somos la potencia de la Creación bajo la llama enalteciente de una inmensa vocación edificante y sublime." [18]

El poema parte de una vivencia trascendental del poeta, aunque basada en una experiencia contingente. (MT, p. 68)

En entrevista, la autora declara: "Soy una mujer que expresa sus experiencias vitales por medio de la poesía; me es difícil

---

[18] Bruno R. Candelier. *La llama mística en la lírica de Julieta Dobles*. Costa Rica: Boletín Academia Costarricense de la Lengua. Año 3, Diciembre 2008.

escribir de algo que no he vivido". [19] Ese rasgo lo enfatiza Rima Rothe, al señalar que la poesía de Julieta en general "empieza en un hacinamiento de objetos simples que, sin embargo, sustentan una cosmovisión trascendentalista y existencialista sobre la angustia, la soledad, la vida, la muerte..." [20] Por su parte, Isaac Felipe Azofeifa, al analizar una obra determinada como Una viajera demasiado azul (1993), lo generaliza: "Todo poeta auténtico posee esta virtud natural de trasmutar su concreta experiencia vital, tan pasajera y caótica, en la fugaz herida de nuestros sentidos, en visión de un cosmos ordenado y lleno de sentido..." [21]

La poesía puede comprometerse en las luchas contra la miseria, la injusticia y la explotación, pero debe hacerlo como poesía. (MT, p.39)

Julieta es poeta con alta conciencia de su oficio. En 1986, cuando ya tiene considerable obra que puede considerarse ajustada a los preceptos del Manifiesto Trascendentalista, los hechos sociales la cuestionan y considera conveniente abordar, desde su oficio, un tema de vital importancia en la particular coyuntura como es el papel de la mujer y las luchas que esta acomete en la actualidad. Con la preocupación de tener que abandonar su perspectiva lírica, de usar un lenguaje que pertenece a un campo muy técnico y usar el recurso poético para cumplir un fin, ella escribe uno de sus libros clave:

---

[19] Montserrath Meléndez. *Poesía emocionada y emocionante*. Tiempos del mundo. 18 junio, 1998.
[20] Rima Rothe. Los delitos de Pandora. La Nación, 26 febrero, 1989.
[21] Isaac Felipe Azofeifa. La Prensa Libre, 29 mayo, 1993.

Los delitos de Pandora.
En su prólogo declara:

> A veces el poeta siente la necesidad vital de enfrentarse a un tema, y esta dedicación puede obligarlo a tomar riesgos, conscientemente asumidos, frente a una palabra contaminada. Estos poemas responden a esa necesidad que, como como mujer y como poeta, he sentido siempre. Por lo tanto, he abandonado aquí el tono casi exclusivamente lírico de mis libros anteriores y he tomado por una senda de penumbra, sobre la cual hacer poesía es avanzar penosamente en terreno pedregoso y renunciar, por momentos a las alas para volverlas a encontrar luego, dando tropezones contra el suelo, tan concreto y pesado que pudiera lastimar dolorosamente a la palabra poética. (p.13)[22]

A pesar de estos reparos, la obra mantiene el nivel poético debido a que, aunque es argumentativa y narrativa, se sostiene sobre el mito tan sugestivo de Pandora. El libro, entonces, le otorga a la autora una voz en una de las luchas propias de nuestro tiempo: la conquista de un papel equitativo para la mujer.

La poesía debe ser comprensible. (MT, p. 67)

En varios puntos del Manifiesto se discute el tema de la comprensión del texto poético. El hermetismo, que era uno de los postulados de la poesía de vanguardia, se cuestiona en ese documento. Se dice concretamente:

> La complicación del lenguaje figurado en la poesía ha posibilitado que algunos autores, sin contenidos trascendentales, escriban complicadas obras, producto de la elaboración literaria y estética, intencionalmente oscuras y herméticas, para ocultar un vacío innegable de contenidos esenciales. (p. 67) [23]

---

[22] Julieta Dobles. *En nombre de Pandora*. Palabras preliminares. En: Los delitos de Pandora. (Costa Rica: Editorial Costa Rica, 1986) p. 13.
[23] Manifiesto trascendentalista. P. 67.

La poesía de Dobles, aunque se inicia embebida en los temas existenciales e intimistas es clara desde sus primeras obras. Esta claridad meridiana se consolida cuando, en su madurez, se concentra en lo biográfico. En diversas ocasiones ha declarado:

> Lo cotidiano es una constante en mi poesía pero no lo hago exprofeso o sea, sale porque mi visión del mundo va de lo particular a lo general... [24]

> Me cuesta soltarme del discurso lógico Eso hace que mi poesía no sea muy atrevida u original, pero lo hace más comunicativa.[25]

Su filón poético, como ella misma admite, se encuentra en poetizar los acontecimientos biográficos de su existencia. [26] En síntesis, puede decirse que los conceptos del Manifiesto Trascendentalista, muy razonables aunque algo prescriptivos, se han desdibujado en Julieta Dobles. Ella reconoce haberse separado en cierta medida de aquel culto al lenguaje figurado y aquella aversión a la prosa que postula el Manifiesto.[27] De hecho, en libros suyos, como Poemas del esplendor, una tercera parte o más de los textos están estructurados como relatos o pequeñas crónicas, además de que buena proporción de ellos están expresados en un lenguaje tomado de las ciencias sociales o naturales, que no en todos los casos comporta imagen. La cultura general de la autora o su formación científica le permiten crear poemas en los que el lenguaje de la biología o la geografía, apenas retocado, opera poéticamente.

---

[24] Fabio Muñoz. *El don de la palabra.* Contrapunto. 1 marzo, 1982.
[25] Any Pérez. *Gitana de vivencias.* La Nación. 15 setiembre, 1996.
[26] Carlos Cortés. *La generación de Debravo.* La Nación. 24 junio, 1990.
[27] Manifiesto trascendentalista.

Es evidente que la obra de Julieta Dobles, si bien participa de rasgos característicos de su generación, ha venido evolucionando gradualmente hasta convertirse en una expresión propia, la cual ella no se ha preocupado por convertir en precepto.

Un proyecto de poesía.

Juicios de diversos críticos costarricenses coinciden en que, desde sus obras iniciales, la poesía de Dobles se muestra consistente y orientada con claro propósito.
Isaac Felipe Azofeifa, señala:

> Siempre he dicho, que Julieta Dobles es el caso extraordinario de la poetisa costarricense de más profunda vocación y de disciplina más intensa.[28]

En el momento en que habla Azofeifa, la autora apenas había publicado sus tres libros iniciales: Reloj de siempre (1965), El peso vivo (1968), Los pasos terrestres (1976). Una década después, en 1991, cuando ha publicado otros tres libros: Hora de lejanías (1982) Los delitos de Pandora, (1987); Una viajera demasiado azul (1990), Enrique Tovar considera:

> Esta escritora —a diferencia de otras que tienen que subir gradualmente los escalones— nació en grande, esto es, desde sus primeras publicaciones mostró la calidad de su quehacer poético, su sensibilidad y emotividades, y el dominio de un lenguaje musical y preciso, lleno de acentos humanos y universales. [29]

---

[28] Norma Loaiza. *Julieta Dobles no esperó mucho tiempo.* La Nación. 20 diciembre, 1981.

[29] Enrique Tovar. *La siempre viva llama de la poesía.* La Nación. 13 de julio, 1991.

Por otra parte, hacia 1997, fecha en que ha agregado <u>Amar en Jerusalén</u> (1992) y <u>Costa Rica poema a poema</u> (1997), Alberto Cañas afirma: "Cada libro de Julieta Dobles que se publica es un acontecimiento literario". [30]

En la actualidad, cuando la autora ha publicado ya 15 libros de poesía, se puede percibir claramente que su obra presenta un perfil distintivo y que ese perfil es producto del trabajo concienzudo y de la claridad sobre el papel del poeta en nuestro tiempo. En una alocución del año 2009, con motivo de su incorporación a la Academia Costarricense de la Lengua, la autora declara:

> Esta función de lo poético, camino de descubrimiento y de realización en lo humano es, en mi criterio, la función primordial de la creación por la palabra, la más primitiva y la más esencial, la que logra que afloren las múltiples voces que configuran nuestra humanidad. Esta vía de exploración interior es la que obtiene las catarsis necesarias, al descubrir gradualmente, como formando un mosaico de piezas armables, quiénes somos, qué conflictos, que contradicciones y qué principios nos configuran, nos conservan y nos amenazan.[31]

Sus obras, pues, se presentan como piezas armables, producto de la gradual pero intensa exploración de su propio pensamiento y del análisis de su medio social. No se trata, entonces, de un agregado aleatorio o antojadizo de la obra creada, sino de "pensados" aportes que van constituyendo un mensaje coherente y caracterizando una voz en la poesía costarricense e hispanoamericana.

Evidencia de este cuidado de la obra es la manera en que la autora maneja la temática de su obra. Si bien empieza con libros principalmente "intimistas", pronto evoluciona hacia

---

[30] Alberto Cañas. *Chisporroteos*. <u>La República</u>, 8 noviembre, 1997.

[31] Julieta Dobles. *El poema como búsqueda interior*. En: Costa Rica: <u>Boletín Academia Costarricense de la Lengua</u>. Año 3, julio 2009.

libros principalmente sociales y, si inicia con libros de temas diversos, pronto se mueve hacia libros en los que predomina un tema que se desarrolla con amplitud.

De los libros intimistas a los libros sociales.

La obra inicial de Julieta Dobles ha sido calificada de "intimista". En nuestro medio esa palabra, con frecuencia, se ha usado desdeñosamente. Se ha aplicado para sugerir que la poesía refleja únicamente el ánimo del autor, que es egoísta o muestra desinterés por lo colectivo. No es el caso de Julieta, cuyos primeros poemas si bien incluyen hondas exploraciones del *yo* no son discursos solipsistas sino búsquedas de sentido en el mundo. Ha dicho: *Hoy/ que nadie pregunte/ por qué vive, /cuando los hombres mueren/ sin preguntar* (El peso vivo). Se trata, más bien de existencialismo, doctrina que, si bien se centra en el individuo y se caracteriza por la angustia, nunca obvia la responsabilidad con el otro.
En esos primeros libros, además de lo que pueda considerarse individualista (el amor, el tiempo, la soledad, Dios), existen textos que tratan directamente la dimensión social e histórica (la guerra, la opresión, la familia). Ha escrito: *El grito se ha enraizado,/ niños de las esquinas moribundas,/ hombres de anemia y sed y sol eternos,/ el grito se ha enraizado y somos/ con el grito, raíz desde la tierra sacudida* (Los pasos terrestres).
De manera que puede postularse que, desde su obra inicial, se alternan las vocaciones intimista y social, dos inquietudes básicas de su voz. Posteriormente, en la obra de madurez, lo social va a tomar preponderancia, aunque sin desplazar lo individual, la expresión del *yo*.

De los libros de acumulación a los libros con unidad.

Como se ha dicho, otro rasgo que marca el proceso de maduración de Dobles es el paso de libros que aglutinan poemas dispersos, a libros cuyos textos comportan una unidad temática. Entre 1982 y 1992 se suceden cuatro libros diferentes, los cuales, aunque tratan asuntos diversos, como el amor, la nostalgia, las luchas de género, etc., cada uno tiene un elemento que lo integra. Por ejemplo: <u>Hora de lejanías</u> aglutina poemas de nostalgia que tienen como escenario el territorio español con sus significativos parajes; <u>Amar en Jerusalén</u> reúne poemas de amor y desamor cuyas locaciones se encuentran en la significativa ciudad de ese nombre; <u>Los delitos de Pandora</u>, que se conforma con poemas sobre grandes luchas de la mujer, obtiene su unidad precisamente de la voluntad de la autora de reafirmar las virtudes de su género. Esta condición de los libros de Julieta de unificarse alrededor de una temática, es también un rasgo que acompañará la mayoría de su obra posterior.

Dentro de esa tendencia de libros unitarios u orgánicos se encuentran también los libros escritos entre 2003 y 2007. Tal es el caso de <u>Costa Rica poema a poema</u>, formado de odas sentidas y sabias a los valores naturales y humanos de Costa Rica; <u>Casas de la memoria</u>, dedicado a las distintas residencias de la poeta, pequeños universos donde se desarrolló su espíritu; <u>Poemas para arrepentidos</u> sobre sus conflictos de pareja y sus esfuerzos por reconstruirse como ser individual; <u>Fuera de álbum</u>, libro de retratos de paisajes, de sus hijos y nietos y de objetos memorables; <u>Hojas furtivas</u>, serie sobre experiencias eróticas sutil e inspiradoramente evocadas.

Por otra parte, en la producción de Dobles hay un libro muy particular, que es el denominado <u>Cartas a Camila</u> (2007). Esta serie de cartas poéticas dedicadas a la pequeña nieta enferma se unifican alrededor del tema de la enfermedad infantil, con todo su impacto para la familia y la sociedad.

De los libros con unidad a los libros de poemas conceptuales.

En lo que cabe denominar "movimientos en la obra de la autora" hay un tercer aspecto de especial interés. Nos referimos precisamente a lo que se observa en <u>Trampas al tiempo</u> (2014) y <u>a Poemas del esplendor</u> (2016), libros formados por poemas "autónomos", que se sustentan en diversas reflexiones sobre la belleza y grandiosidad de la naturaleza y del ser humano. Parece haber quedado atrás ese deseo de unidad temática, y los nuevos libros eclosionan en colecciones de prodigios, producto de la contemplación emocionada del mundo.

El mensaje de Julieta Dobles.

El sentido de la existencia, el significado del mundo, el papel del hombre y la mujer, los viajes, la relación de pareja, los espacios en los que se desarrolla nuestro espíritu, la tierra donde crecemos, el compromiso con los otros, la familia, el amor erótico, las maravillas de nuestro mundo… han quedado plasmados grandiosamente en obras de Julieta. A lo largo de más de 50 años, con una separación promedio de 3 años, la autora nos ha venido entregando acabados libros, a cual más de hermosos, de sabios, de oportunos. Sentimos que cada tema ha sido tratado de la forma apropiada, y que la autora no se ha guardado nada, que ha finiquitado su asunto y lo ha resuelto en forma definitiva.
Sobre su obra, ella ha dicho que ha sido una búsqueda interior, un proceso de exploración de sí misma que ha tenido el propósito de nacer hacia lo humano. Ella llama mitos a esas representaciones, a esas bellas y profundas interpretaciones de lo que está en el mundo y de lo que hace el ser humano. No son historias fantásticas de héroes que se baten

en el cosmos, sino *historias* de ella, de nosotros, de lo que vivimos y sufrimos, de lo que nos abandona, de lo que amamos...

> Es sorprendente como los poetas encontramos en nuestras propias obras, a lo largo del tiempo, los nudos fundamentales de nuestra existencia, las motivaciones y las contradicciones esenciales, las trampas que nos hemos construido, las negaciones que nos hemos impuesto, y los personajes, matizados hasta el infinito, con que hemos creado nuestros amores y nuestros odios.[32]

Un estudioso como Bruno R. Candelier, se ha explicado de otra manera esa búsqueda, al decir que la poeta está inspirada en un estado místico y, aunque al expresar esa opinión no está afirmando que su obra sea resultado de la revelación divina, nos está diciendo que hay una alta emoción que la ha poseído para entender el mundo, para gozarse en su perfección, para sentirse profundamente vinculada a él, para entenderlo con sabiduría, para esforzarse en cantarlo con júbilo.

> Julieta Dobles se instala en el Mundo y desde su sensibilidad empática, con su palabra limpia y luminosa, bajo su cordial afinidad con la dimensión sensorial de las cosas, capta y revela su faceta singular, testimoniando su visión prístina del Mundo, que va desgranando en sensaciones e imágenes captadas con su mirada tierna, su voz jubilosa y su acento fresco, original y auténtico. [33]

Complementando este panorama sobre el mensaje de la obra de Julieta, puede citarse a la profesora Estrella Cartín, quien señala:

> Indudablemente el eje temático que sostiene esta estructura poética es el amor, el amor en todos sus matices, desde el

---

[32] Julieta Dobles. Loc. Cit.
[33] Bruno R. Candelier. Op. Cit.

más sublime amor filial hasta el más apasionado y cargado de erotismo. Amor por los seres humanos, por lo cotidiano, por la naturaleza, por el terruño. Toda su peripecia vital ha ido quedando plasmada en su obra. Recorriéndola, encontramos a Julieta poema a poema. [34](Respuesta al discurso de doña Julieta Dobles Izaguirre al ingresar a la Academia Costarricense de la Lengua)

Esta antología, un reencuentro con Julieta Dobles.

Su trayectoria y las cualidades mencionadas, explican que la editorial **Nueva York Poetry Press**, radicada en esa ciudad, por medio de su especialista en poesía costarricense, la profesora Marisa Ruso, haya ofrecido a Julieta Dobles la posibilidad de publicar una selección extensa de su obra poética (1963-2018).

No existen otras antologías de Julieta Dobles. Aunque algunas publicaciones de poesía costarricense o hispanoamericana incluyen varios de sus poemas, en ningún caso se trata de selecciones que ella haya realizado. Lo único comparable es la compilación Espejos de la memoria (EUNED, 2013), cuya primera entrega incluye completos los seis libros iniciales. De manera que esta edición, correspondiente a la ***Colección Piedra de la Locura,*** tiene especial importancia porque constituye la primera en su género, con el valor agregado de que la propia poeta escogió los textos.

Los poemas seleccionados para esta antología son unos 70, correspondientes a los 14 libros aparecidos entre 1963 y 2016.

---

[34] Estrella Cartín. *Respuesta al discurso de doña Julieta Dobles Izaguirre.* Costa Rica: Boletín Academia Costarricense de la Lengua. Año 3, julio 2009.

- **El peso vivo.** Costa Rica: Editorial Costa Rica, 1968. Contiene, en su sección final, copia de **Reloj de siempre**, editado en edición rústica en 1965. (62 páginas)
- **Los pasos terrestres.** Costa Rica: Editorial Costa Rica: 1976. (75 páginas)
- **Hora de lejanías.** Costa Rica: Editorial Costa Rica, 1982 (65 páginas)
- **Los delitos de Pandora.** Costa Rica: Editorial Costa Rica, 1987 (86 páginas)
- **Una viajera demasiado azul.** Jerusalén: Ed. La Semana Publishing Co.: 1990. (77 páginas)
- **Amar en Jerusalén.** Costa Rica: EUNED, 1992 (64 páginas)
- **Costa Rica poema a poema.** Costa Rica: EUNED, 1997 (126 páginas)
- **Casas de la memoria.** Costa Rica: Editorial Universidad de Costa Rica, 2003 (99 páginas)
- **Poemas para arrepentidos.** Costa Rica: EUNED, 2003 (88 páginas)
- **Fuera de álbum.** Costa Rica: Costa Rica: EUNED, 2005 (128 páginas)
- **Cartas a Camila.** Costa Rica: Círculo de Poetas Costarricense, 2007 (Coautoría con L. Albán, 55 páginas)
- **Hojas furtivas.** Costa Rica: Editorial Universidad de Costa Rica, 2007 (80 p.)
- **Trampas al tiempo.** Costa Rica: EUNED, 2014 (152 páginas)
- **Poemas del esplendor.** Costa Rica: EUNED, 2016 (104 páginas)

Es una muestra bastante representativa, con respecto a la totalidad de su producción, la que nos propone la autora en esta ocasión. A pesar de que en Costa Rica existen programas de reedición de los libros de los principales autores, en forma general puede señalarse que la mayor parte de los libros de la autora se encuentran agotados, razón por la cual esta antología ofrece la oportunidad inmejorable de reencontrarnos "poema a poema" con la sólida y significativa obra de Julieta Dobles, obra de una vida.

Pero ese poema
el que aún escribo y pulo
y releo en mis sueños, despacito,
aún no tiene final.
(J. D. <u>Costa Rica poema a poema</u>).

The unexamined life is not worth living.

APOLOGY, PLATO

las horas que limando están los días
los días que royendo están los años.

LUIS DE GÓNGORA

De *Reloj de siempre.*

Biblioteca Líneas Grises, San José (1965).

UN HIJO

Sólo he querido un hijo,
pequeño como un vaso,
redondo, como una de tus manos,
un hijo que se quede
cuando todo se vaya,
un hijo que pronuncie tu nombre
y que me enseñe a hacerlo
cuando te haya olvidado:
así, calladamente,
alargando sus sílabas
hacia la gran dulzura de la ausencia.

Solo he querido un hijo
y antes que tu partida
me alcance y me deshaga,
lo habrás de colocar
sobre mi angustia;
perfilarás su carne
con tus agujas finas,
y calarás en él
todo el silencio
donde van las palabras que no existen
o las que nunca pronunciamos juntos.

Sólo he querido un hijo
para ahuecar tu nombre en mi renuncia.

DE LOS OTROS

Hay mañanas que tienen
un festival de niños en los labios.
Mañanas que derraman
sus copones de luz sobre las calles,
sobre los árboles,
por debajo de todas las ventanas
donde se van adivinando hijos
y canciones y besos
y una mesa tendida por encima de toda soledad.

Son mañanas ajenas que no pueden
alcanzar con su dicha nuestras calles.
En ellas recogemos al pobre amor,
al que irá con nosotros
más allá de todos los espejos del día.
Al que no puede darnos
ni un hijo, ni una mesa.
Y marchamos,
buscando un sitio donde exista algo nuestro,
donde los besos puedan darse como se da una
        fruta,
en donde la blancura del silencio
sea cama y sea blancura para nosotros dos.
Donde por las mañanas
se vacíe de tus manos a las mías
ese olor a agua clara
que tiene Dios cuando comienza el día.

¿Dónde, dónde buscar, amado?
Existen tantas casas atando los caminos…
Y todas llevan dentro
un hombre, una mujer,
un naranjal, un hijo.

Ninguna está esperando que lleguemos tú y yo
a limpiar sus oscuras telarañas de tedio,
ninguna tiene ventanales amplios
que den hacia las playas olvidadas
donde todo comienza.

¿Es que no hay algún sitio
en la sombra de todos,
en las manos de todos
para nosotros dos?

ORACIÓN INCONCLUSA

Señor: de nuevo la mañana,
de nuevo Tú.
La ciudad se me hace una patria pequeña
cuando amanece así:
iniciando el eterno abecedario de las horas gastadas,
como si alas y pájaros de niebla
tendieran su cortina sobre la noche última.

Todo empieza de nuevo sobre las mismas calles
donde el sol forma rostros de cristal en el agua.
Es como si de pronto alguien corriera
un cerrojo de frío
y las manos nacieran otra vez
y el mundo fuera nuevo,
tan nuevo que pudiera abrirse las entrañas
y rellenar de pájaros sus cicatrices hondas.

Y por eso me gustan tus mañanas.
En ellas juega el hombre
a que la luz empieza su gran eternidad,
su clarísimo salto sobre el tiempo,
y juega a ser pequeño
y a encender con su mano, nuevamente,
la primera mañana.

De *El peso vivo.*

Premio Nacional de Poesía Aquileo J Echeverría 1968.
Editorial Costa Rica, San José (1968).

CANTO EN VANO PARA UNA RESURRECCIÓN

Algo se nos está muriendo
siempre,
con esa muerte lenta de los pulsos vacíos,
mientras tú y yo besamos,
reímos de las cosas y del viento,
comemos,
nos amamos,
y sabemos
que toda nuestra luz nos pertenece,
sin ser nuestra siquiera.

Alguien se muere siempre,
hasta cuando
un péndulo dibuja
cuartos de hora hacia la vida,
o cuando fingen niños en la plaza
su muerte de juguete.

Alguien se está muriendo
sin remedio,
con los pies hacia el mar
que no detiene nunca
su rítmico latido azulsalado.

Cada instante termina para alguien
toda la eternidad,
mientras cantan los coros en la iglesia,
y cada niño nace.

Y el pan crece en las rojas
mandíbulas del fuego.

Alguien se muere
con cada movimiento
de tu mano y mi mano.
Y nosotros seguimos,
sin saberlo,
engendramos más hijos,
sin saberlo,
y pensamos vivir eternamente,
 ¡sin saberlo!

CANTO PARA LOS NIÑOS SIN INFANCIA

Allá,
cuando era niña,
probé la hierba.
Y era verde su olor,
y verde su sabor,
y verde su escondido y pequeño
rincón de sombras.

Sin embargo,
la amargura
que no tiene la hierba
cuando está dormida,
la tienes tú,
pequeño limosnero sin sombra,
a esta hora en que los niños duermen
y en que tu sueño
abre su boca blanca,
interrogante.

A las diez de la noche
la lluvia extiende sobre las piedras
su fatigada lengua de frío.
A las diez de la noche
el hambre muerde y muerde
cerca del corazón.

A las diez de la noche
te quedas en la esquina,
solitario,
tembloroso.
Y aunque quieres gritar que no se vayan todos,
que no dejen la calle abandonada,
que el viento, si no hay nadie,
gruñe y empuja contra las paredes,
la soledad se posa, inevitable,
sobre sus manos sucias y asombradas.
Es la hora en que los niños duermen
para no oír el miedo nocturno que se agita.

Pero tú,
pequeño de seis años,
no eres niño siquiera.
Cuando naciste
alguien dijo que la infancia no te pertenecía.
Y desde entonces
lo vienen repitiendo muchas bocas:
-el pan tampoco es suyo
-ni el cariño
-ni la pequeña tierra de sus pasos,
-ni esos seis años que le vienen grandes.
Y por eso,
sin nada tuyo,
ni siquiera el sueño,
miras la calle
como una larga pesadilla sin sueño
entre los ojos.

Pero algún día
la hierba será dulce.

Y te será devuelto tu corazón de niño,
tu reposo de niño,
y la pisada de amor que te negaron
sobre la tierra.
Quizá bajo la hierba
hayamos enterrado muchos muertos,
pero la noche no podrá apretarte
nunca más
contra la mesa de los bares,
ni gritarte en el miedo
con su voz de borracha.
El olor de la hierba
seguirá siendo verde,
y verde su sabor,
y verde
su escondido y pequeño
rincón de sombras,
para que tú lo encuentres
y lo ames.

Compañera

¡La muerte!
¿La muerte?
Es un pequeño grano que germina sin cuerpo.
En los filos de las cosas perennes,
en las hojas resecas,
en los terrones húmedos,
entre las lágrimas,
en cada amor, en cada árbol derribado,
en todos va la pequeña simiente.

En los recién nacidos
el grano de la muerte
comienza su larga gestación de la sombra.
En los retoños verdes
la muerte siempre tiene
su más pequeña hojuela.

Hasta que un día,
algo húmedo y callado,
algo como la muerte
pequeña de nuestro nacimiento,
se nos abre en las manos,
germinando, germinando despacio
desde algún sitio oscuro.
Y queremos tomarla,
deshacerla,

vaciar sobre ella
toda la angustia de la espera.
Pero no tiene cuerpo,
ni sombra, ni color.
Nuestra muerte
es solo una sombra inmensa
trabajando en la vida.

De *Los pasos terrestres.*

Premio Editorial Costa Rica, San José (1976).

Comunión

Algo se me ha llagado desde la entraña, madre,
algo como el temblor,
como el extraño miedo de los niños dormidos,
ahora que los hijos han colmado mi boca
y las manos y el pecho,
al igual que hace mucho colmamos tu mirada
de aleros y gaviota y balbuceo.

Algo se me ha llagado desde la entraña, madre,
ahora que el amor se me ha extendido
más allá de todos los caminos,
y soy, sencillamente
tierra bajo los hijos extendida.

Y es que tú yo somos la misma agua
que recibe más gotas y se extiende,
proliferando en voces que germinan al canto,
dando más aguas fértiles y claras.
Porque aquí, bajo la cuerda
de tu aliento y mi aliento
respiran por nosotros los que fueron
y se tensa su amor,
su vocación de humus y de roca.

Tú y yo y este universo, madre,

que es un inmenso mar girante donde cada
         burbuja
recoge su vocación de sol.

Tú y yo y una infancia
que fue tuya y fue mía
y hoy está en otros labios,
balbuceando por retomar la hierba
y apretar su color entre las manos.

Tú y yo
en cada pequeño paso vacilante,
en cada mano que recoge su aurora,
amanecida.

Retrato cotidiano

> *Ramona, buen nombre*
> *para una piedra del camino.*
> Carmen Lira

Mujer, al lado de tus manos
acalladas, diligentes,
donde se amasa el sol
y el alimento rezuma su calor.
Donde surgen temblando las begonias
y la frágil blancura de las sábanas,
mis manos se me antojan
torpes platos vacíos.

Y es que tengo tu voz, enmudecida
junto a la voz que clama en mí,
hermana,
hermana en las aguas profundas de la fecundidad.
Tú,
que construyes amor mientras jabonas
y remiendas y sudas sobre el fuego.
Tú,
en cuyas piernas la sangre
forma montes azules, fatigados.
Tú,
para quien vive en vano
el diminuto sentido de la célula,
la música luminosa de los soles lejanos,

la oración del color y del poema.
Nunca conocerás que hay mundos
y lenguajes
y hombres nuevos
más allá del papel indescifrable,
más allá de tu huerto,
más allá de tu puerta y de tu calle.

En ti el amor
nunca será campana, ni torre,
ni palabra.
Lo has hecho,
tosco y redondo con tus manos,
a golpes de cuchara.
Es, a veces,
el sumiso temblor bajo las sábanas,
o el dolor impotente
en el sitio del hijo arrebatado
entre las fiebres de la madrugada.

Pobre entre pobres,
¿quién puede devolverte
la luz sembrada por ti sobre la mesa,
la alegría repartida en las migas
tantos años?

Sólo el agua conoce
la suavidad de hueco de tus manos,
para todos callosas.

Pero ahí está, de pie,
el amanecer,

esa vieja costumbre
que toca y abre geranios en la sangre.
Al fin y al cabo
Aún quedan hijos vivos
donde sentir tu corazón a ciegas,
al fin y al cabo
es todo tu universo
el que mide en tus pasos la mañana.

NACIMIENTO

Nacidas del temblor
en que la vida
canta su propia huella,
lo olvidamos.

En cada puerta abierta
nos regresa
el corazón del día
y lo olvidamos.

Nuestra mano se esponja,
polen inexplicable que nos ama
y lo olvidamos.

Pero un día,
un pequeño pie desconocido
nos busca entre la honda arteria,
convulsiona
el húmedo mundo de la entraña.
Con lentitud se abre,
inmensa flor doliente,
la matriz.
El aire se recoge
entre su propio ritmo de silencio,
donde la vida avanza
penosamente,

donde el aliento
estalla,
suda,
nace.
Somos solo una herida del milagro,
del mar vivo que empuja
desde lo más profundo de sus aguas,
la pequeña cabeza,
oscura y húmeda,
dueña total del sol.

Es nuestra, entonces
la mano pequeñita
que se encoge a la luz.
Y es nuestro el grito,
voraz en la primera
burbuja del aliento,
convulsa claridad
ante la noche.

Entonces
Dios tiene su lugar
en nuestros pulsos.
Tanta luz nos desborda,
inunda al pobre cuerpo estremecido.

Habitadas de mundo,
damos vida,
habitadas de luz,
nunca podremos volver a la ceniza.

SOLO PARA NIÑOS

Nos miras largamente,
con tus ojos donde la infancia
crea, paso a paso,
la costumbre de amar.

Habíamos olvidado
cómo se mira entonces.
cómo es nueva la mano,
nuevo el pequeño paso,
la ventana entreabierta de la estrella.

Habíamos olvidado
qué fácil encontrar mariposas
en las tardes de fuego.
 Y qué difícil
balbucear la palabra,
entera y redonda
como una fruta.

Habíamos olvidado
la voz fina, finita,
cristal de lluvia en la ventana,
cuando el hogar es todo el mundo
tibia prolongación de las manos del sueño.

Ahora sabemos, nuevamente,
de la sombra gigante en el armario,

torre de pesadillas,
y de la puertecita entre las yedras
que algún día se abrirá bajo los dedos
del color y la magia.

La leche, nuevamente,
sabe a paz.
Y mis manos,
al igual que las manos de mi madre,
son de leche y de paz.

De los libros guardados tantos años
saltan de nuevo duendes
y la vida se puebla
como un árbol,
de hojas verdes,
caracoles,
musgos donde empezaron
todos los sueños nuestros.
Gracias por regresarnos
a la puerta olvidada.
Ahora podemos
apretar de nuevo la mañana
y sentir su calor de naranja madura
donde estrenan tus ojos su asombro
cada día.

ELOGIO A LA TRISTEZA

Si la tristeza fuera un sorbo,
qué fácil esparcirla a lo ancho del viento,
donde gesta la lluvia su fragor.

Pero en el mundo de sueños
y pesados deseos,
la tristeza es un mar
que se nos cuela al nacimiento
para crecer,
sin dimensión y sin orillas,
como una enredadera que de pronto
es árbol,
raíz,
bosque,
pantano,
como una mano ajena que al toque de la luz
se volviera ojo nuestro.

Nos contagia la noche,
el sueño,
las migas de la lumbre,
la vigilia,
el cansancio,
el estallido de la sangre.

Su savia nos inunda, retoñando,
para la extraña sequedad de todos,

flor oscura que deseara
la mano de la sombra y de la lágrima.
Cúpula de polvo, arrancada
del paraíso inútil que nunca poseímos.
Habitante del pulso y del aliento,
hundes tu gran ojera oscura
en el sueño que no plasmó la mano,
en las cosas que nunca germinaron a tiempo.

Familiar como el agua,
profundizas arterias en el recién nacido,
tocas el borde mismo de la sangre,
y pulsas,
-extraña forma de empujar a la vida-
donde la vida misma agoniza y comienza.

De *Hora de lejanías.*

Primer Accésit del Premio Adonais
Editorial Rialp, Madrid (1981).

MÚSICA EN LA CARICIA

La caricia requiere su vientre musical,
su gestación de asombro bajo el tacto sediento.
Es como si de pronto descubriéramos
el continente de sus venas traslúcidas
palpitando en el oro transparente del músculo,
bajo el mapa fragante de la piel
y su vello finísimo
que alarga surcos, ríos diminutos
y espejos olvidados en sus pliegues recónditos.

En el amor, el cuerpo
es el rotundo mediodía
sin una sola sombra,
Identidad perfecta
de nacimiento y transfiguración,
playa donde la eternidad
por un segundo esplende
en toda su remota desnudez.

La caricia es un mar
que se apaga extendiéndose
en oleadas mortales,
evocación y término
en la fugaz frontera del delirio.

Sin más sombra que la piel que deseamos.
Sin más certeza
que el hueso adivinado y recogido

que nos separa y nos mantiene,
cada uno en su esfera llameante y silenciosa,
Intentando, forzando el éxtasis
más allá de su origen,
como una música que fuese
demasiado sonora
para el aire que habita,
como una música
que, anhelando el vacío,
callara para siempre en el vacío.

OLIVO INVERNAL

Desde la muda plenitud
de las quemadas luces castellanas
y su juego de escarchas
que se apagan y encienden,
como creando el viento
frente al amanecer.
Donde el invierno es aire detenido,
sólo tú, olivo,
elevas el verdor, humilde testimonio
de la vida guardada.

Tus raíces se hincan en el polvo,
aferrándose al tiempo
y a su vena de agua desconocida.
Cruel brillo del paisaje, tus hojuelas,
agujas casi son,
corazas ante el viento
en la lívida luz de la meseta.
Pareciera que toda
la amargura del polvo
te sube en fruto y corazón,
olivo,
hijo de la mudez fatigada de la tierra.

Ah siglos que las manos
hurgan en tus raíces,
buscando entre sus nudos

la pulpa silenciosa
y exacta que las nutre,
tu hondo germen de frescura secreta
en el leal esplendor de la vejez.

Hoy llego a ti, desde una tierra
de cimas tropicales,
donde tu nombre único
es una evocación de soledad,
un antiguo suceso en que la noche
asumió el acre olor de la agonía.
Hoy llego a conocer
la sombra que los siglos
abren en tu follaje
y a recoger un poco
 de esa austera alegría
que das a la pobreza
de los lomos desnudos de la tierra.

RETAMAS

A Alejandrina García,
amiga y pintora creadora de retamas.

Entonces pronunciábamos retama
como quien dice olivo,
mazapán o romero,
presintiendo nostalgias escondidas
que a través del Atlántico
se fueron revistiendo de ropajes y mitos,
perdiendo su claridad vegetal y salobre,
desmaterializándose en sugerencias íntimas.

Retama, raíz de latitudes emigrantes,
savia olvidada en otra luz.
Por fin la vi nacer,
no de la tierra,
ni de la roca,
ni siquiera del agua,
como podría pensarse de un milagro
vegetal y magnífico.
Brotó bajo el pincel,
suspendida en el aire
como un pájaro único
que con su vuelo despertara
memorias ancestrales,
absurdos dedos vegetales en el invierno,
o retazos labrados por el aire
cuando mayo y su sol los enardecen.

Ahora retama significa vuelo
e irrumpe sin aviso
aquí, donde el día hace
saltar, piedra de fuego,
camineros trigales.

Aquí, donde se siente
envejecer, honda, la sangre,
rotar, único, el cielo
bajo la diáfana inclinación solar,
crujir en pulsaciones destronadas
las hojas emergidas del otoño,
cambiar de ritmo y luces y agonía
los días y las noches.

Retama es solo un ciclo inacabado.
Salta de una estación a otra,
del centro de la noche
hacia el del alba,
como los mismos sueños recobrados.

Es un fuego de estigmas amarillos
que alzara el vuelo al sol desde la mano,
o el clamor de emergentes ramazones
que adivinan el cierzo y el invierno.
Flor alta, última y lóbrega,
que asciende, indescifrable,
desde su propia soledad.

La Puerta Imposible

A mis hermanas Mariceci, Vera, Georgina e Ileana,
cruzando con ellas de nuevo aquella puerta.

Cedro de pie,
oscuridad que se retrae girando
sobre sus lentos goznes imposibles.
Honda puerta de niebla,
maciza hasta en los sueños.
El tiempo la rodea
de burbujas de asombro, sin tocarla.

Por ella vuelve el agua
de los años recónditos,
el aliento veraz de los helechos
que trasmutan la sombra,
la máscara brillante del mosaico
recogiendo mis pasos.

Todo golpea en su oscura
muralla de sonidos.
Porque detrás hay mesa
con su olor a manteles habitados,
Y música que extiende
sobre mi piel sus hilos augurales,
como si el aire mismo de la danza
fuera mi iniciación a la caricia.

Sólo una puerta
para volver atrás
y enfrentar nuestra sed
zaherida por los sueños.
Una puerta que no pueda cerrar
el viento desbocado hacia el olvido.
Y entonces el féretro de mi padre
retornará hacia atrás
-queda es la noche sola-
a reiniciar la vida.

Frontera de la lluvia y el miedo
que no podrá cerrarse
a tanto viaje inmóvil,
a la mano de tanto niño
defendido en el tiempo
que llama con los puños aterrados
sobre sus solitarias cicatrices
de madera solar.
Alta espalda jaspeada por el frío,
dorada en el barniz de las memorias,
sosteniendo mi infancia
como una fugaz lámpara.
Tras su cuadrante inmóvil
el pasado se agita
y es la materia viva
cuyo ímpetu construye voz y aliento:
el claro desafío que se enfrenta
a la consumación.

IDENTIDAD TERRESTRE

A mi hija Ángela,
en quien me encuentro y crezco.

Puedo sentir mis palmas transparentes
entre tus palmas nítidas,
que exploran los brillantes
agujeros del aire
y se asustan, huidizas,
al descubrir el hielo
y su voraz dolor de llama fría.

Irrumpo con tu risa
en la verde vigilia de mi infancia.
Allí todos los nombres se reúnen
y el celo de tu voz
conjura en el olvido
las voces diluidas de la lluvia.
En tus ojos esplende
la misma voluntad que me sustenta,
aún lámpara tenaz y silenciosa,
ahora que las oscuras
mareas del nacimiento
se quedaron atrás
y me miras, con la severidad
que solo da la infancia, inquisidora.

Heredera de mi música absurda,
verás cómo te inundan las palabras
y su fértil deseo luminoso.
El aire, un solo río mágico
llenará la distancia de presencias y viajes:
todo el futuro
que se nutre de ti
sin conocerte.
Dispuesta a darlo todo,
 todo lo abarcarás
-territorio doliente es el humano-
con tu empeñosa vocación de bálsamo.

Luego descubrirás
este prisma sellado que es el mundo.
Como si esa conciencia
que se te vuelve ojos azorados
fuera mi propio aliento, desbordándome,
su amalgama secreta
de dolor y de gozo,
cristalizando en todos
los espejos del ansia.

Nada de lo que aprendas,
nada de lo que tomes, será tuyo.
Pertenece al oleaje
que se une a las sombras
de los que guardan en tu voz la espera.

ANTIGUO PACTO

Ciconia, cigonia, cigüeña…
Un nombre alto y redondo,
como una cúpula de catedral
para un antiguo pacto.

Febrero tiembla y crece en los almendros,
leves guardianes, solo niebla,
que sostienen la escarcha:
estalagmitas del amanecer.

La torre da al invierno la primera agonía,
aunque ni un solo verde
despliegue aún,
sigilosa bandera, sus matices,
ni el sol renuncie a su estrecho camino
de solsticios remotos.

Sobre el viento y sus frágiles veletas
flota un rumor de plumas fatigadas.
Señeros campanarios abren sus nidos hondos
que hasta ayer solo fueron inciertas ramazones.

Hoy recuperan
su solidez, su mágica presencia,
anunciando los blancos equilibrios
frente a la tempestad.

Alcalá, Alcalá,
bajo la lenta luz de las bandadas
amarillean tus torres, se estremecen tus techos
de pizarra y de aguja,
poder del ala
sobre la reciedumbre de la piedra.
En los inermes sauces
se amotina la savia,
y minúsculo, surge dibujándose,
el perfil de las yemas.

Sobre el Henares,
como erguido reflejo que rompiera
la óptica y sus luces,
se presiente la silenciosa
potestad de los vuelos.
Y por unos instantes el río pierde
su austera soledad,
su inmóvil juego de aguas y de tiempos.

Luego prosigue, estático,
a otra serenidad,
allí donde la arcilla se torna vertical
y los torreones solitarios
ceden desmoronándose,
fundidos a la arcilla
y a la noche que llega
cargada de presencias como siglos
y de voces ya nunca reclamadas.

Desde el tiempo, cauce de las quimeras,
y la vigilia eterna de la infancia encendida.
Desde el hollín de viejas chimeneas
que dormitan entre su extraño embrujo
de apagadas pavesas.
Saetas con el giro
de alguna primavera entre sus patas rojas,
casi sangre del aire,
vuelven al Alcalá inmutable
y secreto y dormido,
las cigüeñas.

CARTA SIN TIEMPO

He regresado, abuelos,
a esta tierra de tiempo detenido
donde la uva crea,
año a año, su antigua ceremonia.
Y la sed de la arcilla
toma formas extrañas
en la oscura raíz de los olivos.

He regresado a esta roca encendida
de imposibles retornos en la espera de tantos,
que fue quizás el último destello
de la Patria, guardado en vuestros ojos.

Ahora voy, luz a luz,
descubriendo estas costas de solitario trazo,
extraña forma de repatriar a los ausentes
desde atrás de la muerte y del océano.

Retorno al horizonte que dejasteis,
abuelos emigrantes
de la sed y la sal y los prodigios.
Nombres que han develado para mi voz
un viejo sueño solitario y común.

Vuestros huesos no volvieron jamás
a estas costas que fueron, en la niebla,
revistiendo distancias y distancias,
hasta ser nada más
un extraño reclamo del olvido.

¡Ah, las costas de España,
tan duramente amadas!
Por eso cada piedra tiene para mi oído
la susurrante huella de algún sueño,
la irrevocable sed de la renuncia.

Y la espuma que hendieron vuestros barcos
sube eterna a mi pecho
con su dolor de tiempos y de herrumbres.
Amplias velas me amanecen de pronto,
y un crujir de viejos maderámenes
trasciende el monocorde aliento de la mar,
así, *la mar,*
como decir *ausencia, madre, o premonición.*

He dejado, como vosotros,
mi casa en la otra punta del oleaje,
con la puerta entreabierta
a algún posible vuelo de gaviota.
Y quizá no halle nunca
mi túnel de retorno entre los vientos.

Tal vez dijisteis-: *-diez años es bastante.*
Y a los doce los árboles sembrados
daban sombra a la casa.
Y la casa era roca fresca bajo los pies.

Y en los hijos las palabras tomaban
suavidades desconocidas,
ecos y aromas nuevos que bullían
dando vida a los frutos y a los pueblos.

Y poseísteis
los nuevos frutos y los nuevos pueblos,
aferrados a esa luz en que esplende
la tierra propia en la palabra nueva.

Por eso vengo hoy
a saborear el ácimo sabor
de estas costas de España,
que todo lo atestiguan y todo lo recogen,
como si el tiempo aquí fuera sólo la niebla
con que la muerte finge sus viajes transitorios.

Cádiz, marzo de 1981

De *Los delitos de Pandora.*

Editorial Costa Rica (1987).

ÚLTIMO AQUELARRE

Hemos venido todas
Las de las manos mágicas.
Tú nos has conjurado,
y al exacto poder de la palabra
nos hemos reunido, como antaño,
 en la noche de la luna silente
y del calor del fuego, receloso.

Salimos de la ceniza atormentada,
del potro y del abismo
en que hallamos la muerte,
con el cuerpo rasgado
y todas las ofrendas terrestres
duramente aprendidas,
rotas, exánimes,
convulsas entre el lodo y la sangre.

Sabíamos de tantas luciérnagas salvajes
habitando lo humano,
de los pequeños espacios luminosos
donde se mueve el alma,
gestando sus pasiones,
de las cuevas de angustia donde se paraliza,
de las múltiples máscaras
en las que se refugia su frágil esplendor,
y de los cuarzos vivos, espléndidos, cortantes,
que son sus posesiones y su gozo.

Fueron nuestros los árboles,
verdes santuarios,
altas cúpulas vivas y sagradas,
las hierbas que nos llaman
con su puntal de aromas
y su humildad de oculto sacerdocio
sobre los anchos dones de la vida,
la salud o la muerte.

Nuestro secreto estaba en las cosas pequeñas,
como el instante de la medianoche,
o la palabra, rápida
pero exacta,
conjuración de realidades mínimas,
murmullo solitario
bajo el estruendo del poder
y su hipnótica pompa.

¿Dónde nuestra verdad? ¿Cuál nuestro signo?
Grano de sal que crece,
voluntad milenaria que se inició en la vida
como un puntal de estrella en la noche del mundo.
Conocíamos los resortes secretos
del amor y su espacio doloroso,
las fuerzas de la luz y de la sombra
que se agitan en todo nacimiento,
hermanas del secreto compartido,
cómplices en el canto
del polvo y sus fulgores,
en la firmeza toda de manos enlazadas.

Sembradoras antiguas,
gestadoras de humos gestadores,
ningún otro poder supo tanto y tan leve.
Levedad en la roca, levedad en el hondo
cauce de la paciencia.
Atesorando chispas que la tierra vigila
y se le escapan.
Conociendo el futuro
por las huellas inciertas y tenaces
del pasado y sus sombras.
Curando por el gusto de administrar la vida.
Y no nos destruyeron.
No se destruye algo que está en todos.
A pesar de la hoguera
y sus temibles lenguas que van creando
territorio de horror sobre la llaga,
aún gobernamos hondos espacios habitados.
Y algo de cada pueblo,
de cada madre, de cada amor,
de cada curación o nacimiento
nos pertenece, es nuestra creación,
es nuestra sombra
sobre esta premonición antigua que es la Tierra.

CONTRAPUNTO Y QUIMERA

Toda patria es el tránsito sagrado
de nuestra propia huella,
el vínculo que enlaza
imperceptiblemente nuestros sueños.

Ser mujer, hoy, urgente reto contra la nada,
es recorrer dos patrias diferentes
escindidas en su razón de logro y hermosura,
que a menudo se lanzan, indefensas,
una contra la otra.
Es descubrir a un tiempo
el territorio extenso que danza y se estremece
allá, afuera, acorde repetido
que nos llama y nos llama,
y este íntimo huerto,
facultad y recinto de la vida,
que exige compartirse y anegarse
y extenderse sobre él, infatigablemente.

El paisaje nos busca detrás de los cristales,
trasmuta los colores de la luz
en un solo esplendor.

Viéndolo, como alicias deslumbradas,
probamos llaves, estaturas, ímpetus,
para tomar lo que nos corresponde
de esa luz, que tanto más promete
cuanta más lejanía hay entre ella
y la avidez del ojo.

Alzamos, pues, aquella sed antigua
para probar nuestro esplendor
entre las cosas y sus territorios,
creando, desde su hálito,
nuevos andamios para lo imposible:
la máquina de móviles metales
que multiplica al músculo,
a su asombroso instante
de tensión y poder.

(Pero el hambre de todos los que amamos
es cosa nuestra; es urgente oficiar
sobre el pan y la sal.
Que su calor de hornada y levadura
se encienda por tres gozos en el día.)

O el onírico mundo de la célula:
cuevas y bosques vivos, infinitos,
que alargan sus colores de artificio
corriendo y palpitando bajo el lente y el ojo.

(Pero hay polvo, camas que nadie ha hecho,
plantas que se deshacen en el viento sin agua.
El mundo necesita ser barrido diariamente).

O el espacio profundo y sus peldaños
apenas iniciados,
donde campearán números y naves y árboles
con idéntico gozo.

(Ay, que el hijo se aferra
a esta entraña de júbilo también,
pidiéndonos el tiempo y la vigilia
y la amorosa puerta donde estrenar el mundo
que sólo nuestra mano le abrirá.)

O el arte y sus mil venas sutiles y asombradas,
por donde la belleza toma expresión y pánico
y por donde subimos,
peregrinos de otra sangre más alta,
a atisbar los caminos que burlan a la muerte.

(Pero el tiempo devorará, falaz y espeso,
los quehaceres mortales
que sostienen la despensa y la casa,
hasta que la vejez inaugure su asedio
-sola vejez la nuestra-
después de tanto mundo ajeno
como hicimos crecer desde la mano.)

Confusas, algunas levantamos
un muro atormentado
ante la luz de la ventana abierta.
O secamos el huerto que irrumpe con su olor
de savias subterráneas,
y nos tornamos mitades angustiadas
caricaturas hondas y certeras
en los cauces plurales del existir.

¿Cómo unir limpiamente
las dulces y pesadas ataduras terrestres
con el amplio aire seco de la imaginación
y el inquieto delirio con que la inteligencia
complace y atormenta a sus criaturas?

Aquí estamos, partidas
en un mundo que ofrece demasiado
Y al que hay que arrebatarle,
en un golpe de fuegos,
las brasas que se guarda
detrás de las promesas.

El mundo, el mundo,
Nuestro mundo también,
¿es nuestro mundo?

Habitantes terrestres hemos sido
desde siempre. Salidas de la misma
mente de lo imposible.
Conocemos los pactos de la tierra,
sus secretos yacentes, como polen oscuro
de las profundidades,
los ritos y los besos atónitos
de sus yerbas sagradas.
Nos volcamos en ella
con el mismo entusiasmo de las criaturas breves
que compartimos con vosotros.

La construimos a golpes y fatigas,
hombro con hombro,
cantera que se abre
con el filo opalino de la urgencia.
Todo fue necesario: piedra, metal, o llama.

No hubo mano de hombre o de mujer,
hubo manos que hicieron,
hoy también necesarias
desde las dos fronteras de la patria escindida:
espuma y litoral, guerra silente
del calor y su llama,
inexplicablemente desgarrados.

CINCO HERIDAS PARA MORIR DE AMOR
(Fragmentos)

IV

La muerte no es ya más
la invitada sombría
a la fiesta cruenta
de cada nacimiento.
Las abuelas aquellas
de manos melancólicas,
¡cómo se deshojaban
en sus rosas de sangre!
¡Cuánta mortal fatiga quebrantaba
su voluntad de vida!

Hoy solo sorprendemos en nosotras
una anfibia añoranza,
expertez caminera para andar
en las dos aguafuertes del destino.
Porque hay un tiempo para abrir la puerta
a la luz tiritante,
Y otro para guardarnos, recias,
contra la oscuridad.
Un tiempo ajeno,
minucioso, silente,
tejido en la paciencia.

Primoroso tapiz
en el que se prodigan
colores y caricias y tibiezas
para todos,
con la alegría
de quien rebana al sol
en la mesa del hambre.
Y un tiempo de recogernos solas,
sobre el espejo íntimo
que todos encontramos
al cerrar de los ojos,
profundo velo que vamos descorriendo
sobre el paisaje que da relieve al sueño,
a solas, en la gran extensión del alma
que apenas conocemos.

V

Así surgen la música y el aire
de estos poemas todos
y de esa larga saga
que la mujer sin nombre está escribiendo.
Entre una luz y otra,
deber y plenitud, lágrima y libro,
meditando mientras las manos luchan
con la dudosa mina
de hollín de las sartenes.
Escribiendo en las cortas mañanas aromosas
a ropa enjabonada.

Forjándonos en las tareas humildes,
columnas olvidadas
que sostienen la vida y la alimentan.

Leyendo en las fisuras que el día deja
cuando la infancia toma su silencio y su almohada.
Exprimiendo horas nuevas
a los frutos del sueño.

Así surgen los dones
que este siglo reclama de nosotras
cuando, aparentemente,
nos hemos olvidado de la ilustre tarea
de morirnos de amor.

CANCIÓN DE LOS TRES ASOMBROS
(Fragmento)

*A las madres de siempre, que redescubren el mundo
jugando con sus hijos.*

I

¿De qué está hecha la infancia?, di.
Tú que recoges siempre
las espigas totales con que estalla el verano
y creas en el mirar
la golondrina exacta que preludia la luz
y cantas, desmañada,
tan solo por el gusto de soltar en el aire
tu voz limpia de afeites,
 cuando la lágrima infantil golpea
contra el recuerdo a sotavento.

¿De qué está dicha la infancia?, di.
Tú, que estremeces en tu voz
de arcillas profundísimas
el cuento caminero y la canción redonda,
descubriendo de nuevo, entre tus hijos,
los hilos temerarios, las sombras del prodigio,
la risa y el temblor que la palabra
toma de esas, tus músicas abiertas
en la pequeña cumbre de la fábula
o en la agridulce pulpa del idioma que nace.

¿Cómo sabe la infancia?, di.
Tú que pruebas el tallo de la hierba
y su jugosa estrella diminuta.
Y conoces, con los niños curiosos,
la lengüecilla ácida y furtiva
del fruto verde,
sorpresivo y hermoso
como una flor tardía.
Tú que sabes del punto y natalicio
de cada aroma inesperado,
de esos que son la voz de cada cosa,
y nos llaman y agreden y son inaplazables,
como el de la vainilla que enmascara,
delicada, su amargor sorpresivo.
O el olor a manzanas y su aureola profunda
que es el olor del día
irrumpiendo de pronto en el pupitre,
la cartera escolar,
o el soliloquio tímido
que cada niño es,
frente al mar agitado y desafiante
del que los otros parecen emerger,
ilesos y sonrientes.

¿Cómo duele la infancia?, di,
tú que sabes dar fe
de esa pequeña mano entre la tuya,
cuando la noche es un aullido angosto,
túnel de la tiniebla
que ahueca las paredes acosadas,

y hace hostiles los rincones amigos.
A ti, que clamas como un niño en el aire
por el sol y su larga cabellera viviente,
di, ¿cómo es ese pavor
de ser un niño en la noche del hombre,
sin el sol, que no acaba de venir
a lavar con su mano de argamasa amarilla
este sueño feroz de oscuridades,
este abandono que tose y gime en el vacío,
esta crueldad total, esta hambre sorda,
en suma, esta garra del hombre
que hacia lo más inerme
del hombre se dirige?

¿De qué color es la infancia?, di.
Tú que corres al lado
de los trenes del mundo
persiguiendo una risa, un aire,
una semilla peregrina,
un ala que pasó y que no sabemos,
el azul que en la tarde se despeina
entre gritos de niños
y saltos a la comba
y advertencias derruidas por los besos.

Di, ¿de qué materia tan rotunda y fugaz
está hecha la alegría de la infancia,
manantial sonorísimo
de toda la alegría que enfrentamos al mundo,

y que va con nosotros
hasta tocar los bordes de la muerte
y su otra alegría,
inescrutable espejo de la infancia total
y su abandono?

De *Una viajera demasiado azul*

La Semana Publishing Co., Israel (1990).

UNA VIAJERA DEMASIADO AZUL

Tengo, bajo mis senos,
entre mi cuerpo donde
todo moreno gesto palidece
en eterna tensión de danza y beatitudes,
una impaciente huésped que palpita de ansia
ante paisajes nuevos y ríos que inaugurar.
una viajera demasiado azul,
niña que fui saltando
en la espuma de gozo de los mares,
mujer que soy, amando
paisajes recién creados
con todo el entusiasmo de los advenimientos.

Ella hace zozobrar mi corazón
en cada muelle abierto que convida
con su salobre gusto a lejanías.
En cada andén sin nombre,
donde el silbido largo de los trenes del mundo
crea ventanillas que pasan velocísimas
y nos llaman y ofrecen los dones de la Tierra.
Desde cada aeropuerto y su viento impuntual,
pie del aire profundo e infinito
que nos recogerá en su mano abierta,
traspasando latitudes, horarios,
diminutas señales del hombre y sus cuidados
para intentar asir el universo.

Así, pasajeros de la noche al día,
en un solo segundo de asombro y altitudes
nos sorprende allá abajo
la curva luminosa de la Tierra,
perfil de la alborada en el total silencio
de la noche y su música inconclusa.

Una viajera demasiado azul
Que discurre parajes y caminos
y que va recogiendo voces,
afectos, músicas humanas
en su mochila de eterna caminante
que no se detendrá,
ni ante la puerta inmóvil de la muerte
y su gozne secreto, inevitable
como la misma vida.
Móvil, atónito, incesante río
del que somos apenas viva espuma.

PERSISTENCIA DEL ROMERO (Fragmento)

II

El romero irrumpe en el aire de Jerusalén
y en la sed de los recién llegados,
como una campanada que se multiplicase
y se multiplicase sobre sí misma
y sobre los jardines innumerables
a la puesta del sol.
A la puesta de los miles de soles
que crecen en Jerusalén.
A las siete de la tarde de todos los veranos
que han sido sobre la Tierra.
A las siete de la tarde de todas las piedras
amarillas en su luz
que son Jerusalén.
A las siete de la tarde de todas las piedras
rojizas en su sangre
que son Jerusalén.

El romero desborda los caminos de piedra,
el romero se yergue
en sus verdes candelas olorosas,
el romero estalla y se recoge,
incienso leve,
el más humilde incienso de este mundo,
llevando,

como un órgano vivo de múltiples acordes
éste, su aroma casi sonoro,
casi musical,
a todos los rincones de ese templo
cóncavo, azul, sereno y aromático
que son los cielos de Jerusalén.

Peregrina en Belén

Una estrella,
dadme, alta y sola, una estrella.
Una estrella rotunda, como el nacer,
perenne, como el brazo inicial de cada cosa.
Una estrella de gozo y plata sola
contra el cristal profundo
de la noche sonora y azulísima.
Una estrella total,
deslumbramiento absorto que no llora,
porque en ésta, su absoluta alegría,
no hay espacio de lágrima posible.
Una estrella sin tiempo,
 hecha para el ahora perpetuo de su lumbre.
Una estrella de éxtasis dulcísimo
que lo recoja todo y que todo lo ofrezca.
Seré una parte de su llama absorta
y brasa libre al fin, todo al unísono.

Por un momento
se me ofreció en Belén aquella estrella,
destello de un temblor,
instante de la palabra que no acaba,
gloria de la sola presencia.
Quise llevarla bajo el lino doloroso y letal
con que renazco en todas las mañanas,
pero la fibra burda no pudo sostenerla,
ni ésta, mi mano torpe recogerla,

y se esfumó, dejándome tan solo
su perfume de espacio sin palabras,
su recuerdo de luz sin adjetivos
donde la muerte vive
y la vida no tiene transcurrir ni acabarse.

Y por eso, os lo ruego,
dadme esa estrella una vez más,
para un niño con frío
que soy yo misma
y todos los niños de este mundo.
Dádmela, para un hombre con lágrimas
de impotencia y temor,
que soy yo misma
y todos los tristes de este mundo.

Devolvedme mi estrella que quedó allá,
en la gruta de arrodilladas sombras
que es Belén.
En los muros de humo
miles de manos la han buscado a tientas
desde su oscuridad.

Dadme esa estrella irrepetible y mía
y quedaré absoluta por desnuda,
sin lino, cuerpo, o noche,
pero con una estrella ante los ojos
donde quedarme
con las piernas dobladas,

las manos móviles y extendidas
como dos pájaros celebrando al sol,

el rostro trasmutado
en un vitral de gozos y agonías
ante el pesebre abierto.

Una estrella en el alba de Belén
para ganar
el esplendor de vida
de la muerte.

EQUIPAJE JUDÍO

A esta tierra cada emigrante trae,
fardo gozoso pero nunca leve,
el sueño de sus muertos.
¡Ay, secreto bagaje,
como el nombre de infancia con que Dios
       nos conoce!
El fardo tiene nombres de *ghettos* encendidos,
de poblados, de cárceles mortales,
de barcos zozobrando, de sinagogas rotas,
de exterminios feroces.

Y entonces, ¡qué alegría entreabrir las ventanas
al sol, mano de cobre y vida,
 profeta de esta tierra,
y al canto cercenado que emprende nuevas voces!
Encender todo el aire de velas extasiadas,
este aire del desierto que está lleno de ecos
y susurros y canciones antiguas
que habían muerto y hoy viven
en la resurrección de un lenguaje ritual,
de una plegaria que recordó de pronto
cómo se dice mesa y jugo y madre
y duele, y te amo y todavía.
Y se puso a cantar sobre los surcos,
entre los autobuses,
en las panaderías y los cuarteles,
y se abrió, boca de risa roja en las escuelas,

y gritó su impaciencia en los mercados,
e inventó rondas y acertijos
en manos de los niños agoreros
jugando, simplemente jugando, juegos de vida
      y vida,
sin saber que los muertos, aquellos tan amados,
están riendo detrás de las palabras
y sus *alefs* silentes
y sus *zains* afinadas
y sus *tafts* conclusivas,
riendo, por siempre riendo
desde atrás de la muerte.

Del *Amar en Jerusalén*

Editorial de la Universidad Estatal a Distancia,
San José (1992).

ELOGIO DE LOS SENOS

En mi primera infancia
siempre hubo un sitio para mí
en la magia inquietante de los chicos
y en sus juegos móviles y atrevidos,
donde la fantasía es salto, vuelo.
El reto de las piernas con las cercas punzantes,
el amor de los charcos,
la energía de la piedra devorando los cielos,
o vibrando, certera, al centro mismo
del agua y de sus círculos perfectos.
Yo era uno más, sudorosa y jadeante
entre los trotes infantiles,
tratando de emular al campeón de los saltos
y de no mostrar miedo frente a las lagartijas
que brillaban al sol,
como botones nuevos de la vida,
invitando a los dedos a ir detrás de sus colas,
fugaz golpe de luz entre las piedras.
Era mi orgullo ser uno más entre todos,
con la prerrogativa sutilísima
de mi falda y mi nombre.
Con esa "a" final de campanilla breve,
misteriosa y rotunda.

Pero un día los noté: breves yemas silentes
apuntando, asustadas,
a la caricia misma de la vida,

a algo demasiado íntimo, inevitable y hondo
que se escapaba ya de mis manos de niña
y empujaba, implacable, todo mi ser
hacia otras realidades
temidas y deseadas.

Lentamente mis senos maduraron
como el deseo en la bruma de los sueños.
Y entonces fue mi orgullo ser distinta,
femenina y fecunda, como la tierra misma,
nutricia y dulce, apetecida
como una fruta extraña
que da sin agotar sus mieles y frescuras.

Hoy que los miro blancos, como entonces,
firmes, grandes y tiernos, como panes del día,
dolientes o gozosos, como la lluvia que alza
su humedad en la tarde,
cruzados de ríos profundos y azulinos,
recorridos por tus manos inquietas,
por tus labios de suave tenacidad,
con los pezones rosados y violentos
que alimentaron hijos, pasiones y dulzuras,
agradezco su silenciosa vida propia,
su placidez turgente ante la sed del niño,
su urgencia antes el placer
que despierta su rosa delicado,
en fin, su gozosa y a veces
dolorosa presencia
que me define mujer de pie,

nutricia y compasiva,
velita desafiante ante los vientos
que no la extinguirán,
cuerda sensible al siempre de la vida.

CARAMELOS PARA EL NIÑO ETERNO

Tanto niño te colma los momentos de ira,
tanto niño sorprende en tus gestos de amor,
niño que a veces no pudiste ser
y se quedó a mitad de los caminos
desolado, inconcluso,
niño que eres, mimoso por el pan,
el pecho, la caricia,
enfermo a veces de las fiebres azules
que atacan por igual
a poetas y a niños ateridos.
Que he debido aceptar que me derrotan
tiernamente, tu infancia inesperada
y tus ojos, que me dan razones
absolutamente irracionales
sobre la vida y sus páramos hostiles,
sobre el amor de Dios y sus criaturas,
sobre los juegos nuevos que inventarás de noche
para mí, para esta sed de gozo
que nos hermana en la mitad del beso,
cuando la oscuridad es tacto delicado
sobre la piel del mundo.
Y cuando entre el fragor de la tiniebla
tu niño llega a mí
dando voces de auxilio.
Y ese grito oscurísimo y remoto,
que pudo ser el grito del primer desamparo,

me acosa, me atormenta, me disuelve
en un mar espantoso y amarillo,
sé que he llegado a ti
como la luz al árbol verdecido,
como el plancton, minúsculo milagro,
es a los mares, sutil razón de vida,
silencioso sustento, ancla del entusiasmo,
roca que no se ve bajo el oleaje,
pero fija las islas y sostiene los sueños
para que el viento, rojo entre los desamparos,
no lo destroce con sus dientes hondos
de niño cruel y triste bajo de la tormenta.

Por eso a veces el horizonte frío,
alto y hermoso que me sobrecoge
desde mi soledad de diamante con lumbre,
me llama, me convoca,
me urge para perderme
con dos alas de pura liviandad aterida,
en el azul sin nombres y sin tiempos.
Y volar más allá de los caprichos
de la letal carencia que germina
en letal posesión,
de los niños que recobran su infancia
buscando caramelos en todos los regazos,
de la prisión en que el amor convoca,
y de tu torpe y deliciosa
manera de querer
de adolescente grande y asustado

que va por vez primera al amor y lo encuentra,
veterano de pasiones y urgencias,
experto de caricias,
goloso de pequeñas tibiezas,
jinete de blancuras turgentes.
Que en tu avidez te finges aprendiz,
desatas entre todas el afán de enseñarte
y bogas de sorpresa en sorpresa
como un niño despierto de navidades y albas.

Pero no puedo, amado.
Tus violencias ternísimas
me retienen, me anegan
y me devuelvo mansa y salobre,
ola de marea baja que no quiere morirse,
riachuelito que solo puede seguir su cauce,
madre entera de todos,
repleta de manzanas amargas y de besos
para tu alta avidez de niño con luciérnagas,
que en la tarde persigue
tanta luz titilante
en el ciego universo
que es el amor del hombre.

De *Costa Rica poema a poema*

Editorial de la Universidad Estatal a Distancia,
San José (1997).

AMARGURAS DEL LIMÓN DULCE
(Citrus aurentifolia)

Te atrapa como lo hace la vida,
 astutamente,
con un dejo pequeño de amargor
después de cada hilo de dulzura.
Y como entre la vida vas levantando velos
 y cada velo te reserva algo
para otro amanecer,
el limón dulce da,
bajo cada velillo transparente,
el ordenado juego de botellas minúsculas,
jugosas y turgentes, que estallan en la lengua
como un don racionado del agua de la Tierra.

¿Un limón dulce?
Nadie, lejos de estas tierras
 altas y ecuatoriales,
con su propio esplendor enardecido
por un sol casi eterno,
concibe un limón así,
con sus cinco letras y su tilde
de acidez estimulante,
desprovisto de todo ácido ofensivo
y de toda violencia contra el sufrido paladar.
Y sin embargo,
aquí tiene su reino
de dulces amarguras el limón,

su hálito inevitable y único,
sutil y único,
como el de su dulzor apaciguado,
que nos recuerda,
después de unos segundos sobre la lengua,
que no hay dulzura que no acabe,
ni gozo que lo complete todo
porque allí, en el centro mismo del placer,
tiene su pequeño inicio la amargura,
como otro dulzor malicioso y rotundo.

Limón, sorpresiva fragancia,
como las cumbres que te incuban.
Yo te tomo de la mano,
aspiro tu corteza brillante y verdecida,
la parto, con un golpe limpio y filoso,
la desprendo con suavidad
y busco tu corazón de botellitas breves,
enorme corazón contra la sed del mundo,
 mientras el mundo no te cree posible
y supone que eres una broma
tropical y magnífica
de la montaña pródiga y mentirosa,
como la misma vida.

LEGADO DEL CAS
(Psidium friedrichsthalianum)

> *A mis hermanas Mariceci, Vera, Georgina e Ileana*
> *compartiendo aún aquellos cases..., y a Prince.*

El cas es cotidiana estrella de entrecasa.
La fruta que se bebe despacio, con fruición,
y se come despacio, con el mohín que el ácido
de su carne imprevista produce en nuestra boca,
hecha agua ante el acoso del aroma
y del mordisco claro, casi beso.
Es el don de los montes,
un legado de selva que se resiste a irse,
un árbol decidido que habita la meseta
y sus patios caseros con su naranjo agrio,
sus helechos, sus chinas renacidas,
su chayotera, selva y espesura,
su limonero de aromática espina.

En casa de mis padres reina un árbol de cas.
De todos los árboles sembrados por la mano paterna
sólo el cas sobrevivió las plagas,
el rencor de la hormiga,
la saña del gusano y del tiempo, feroces.
Y se yergue en el patio su follaje de himno,
su claro tronco por donde el cielo baja
puntual, todas las tardes.

Su copa sigue siendo la escalera secreta
de los niños que, ocultos en su verde
burbuja esplendorosa,
intercambian las sorpresas del mundo.

Prince tuvo algo que ver
con esta sutil sobrevivencia.
Prince era el perro más humano
que alguna vez amé.
En su rostro de pastor policía
su mirada expresaba las mil complicidades
de su alma de perro milagroso.
Después de doce años de caminatas plenas,
juegos, peleas, custodias,
pasiones apremiantes y brevísimas,
aullidos a la luna, retozos en el prado,
persecución a todos los gatos de este mundo,
Prince se nos fue, herido por un boyero torvo.
Pero como nunca quiso alejarse
del barrio luminoso y de la casa,
fue sepultado al pie del cas,
entonces arbolillo de nada todavía.

En el año siguiente,
el árbol se extendió como un deseo
apresurado y generoso.
Sus ramas, fuertes y altas,
cubiertas de miles de hojuelas diminutas y rojas
que al crecer verdecían en el patio luciente,
fueron escala nueva de la tarde.

Y hubo dos cosechas entre cases de aroma
para calmar la sed de todos
en el largo verano sin Prince,
sin sus ladridos, sin su pelaje tan acariciado.
Pero yo estoy segura
que el árbol se estremece si le pasas la mano
por su tronco plenario.
Y en las noches de luna
algo como un temblor de hojas jadeantes
parece recordarnos un aullido lejano

CANTATA DEL CEDRAL
(Cedrela odorata)

¡Cuántos cedros y cedros
columbrando los altos secretos de la patria!
Esperando entre las impredecibles
y furtivas veredas
de sus bosques y parques de neblina...
Otorgando un latido común que se despierta,
de verdor y de sombra haciendo inviernos.
Espejo vegetal de multitudes,
variedad luminosa de maderas intensas,
de resinas que callan y que cantan.

Cedros y cedros de madera invasiva,
antigua, incontenible.
Cedros en busca de la infancia del mundo
y del bosque donde crecer, deseados.
Venid, cedros de mis delicias,
ay, cedros acosados de los trópicos,
a inundar de penumbras y de ardillas
y follajes trinados y murmullos,
nuestras talas infames.
A cubrir con vuestra savia musical
de inusitada y pronta luz,
nuestros cerros desnudos y borrados
donde fuisteis señores
de la sombra y del ala.

Traedme los jilgueros invisibles
destilando su agorera certeza musical
en la cumbre de nieblas desprendidas.
Traedme los quetzales extasiados y últimos,
esmeralda de pronto en vuestras ramas.
Traed todo ese mundo agonizante y hondo,
corazón verde -húmedo de la selva absoluta,
de tan verde, fresquísimo,
de tan húmedo, verde,
violento en su esplendor
de montaña que aún canta.

Cedros y cedros
En Cedral muchedumbre,
En Cedral agonía,
Germinando, esperados
Entre el dolido, antiguo,
Insustituible
Regazo innumerable de la patria.

ITINERARIO DE LA TORTILLA

Desde el maíz que tiene dientes de luz y sombra.
Desde el calor de manos que desgranan
esos dientes donde la luz se endurece y estalla.
Desde la piedra que abre
su antigua ceremonia de metates,
o el metal que destroza
la lágrima, vegetal y magnífica
de cada grano, o diente, o resplandor

Desde la masa, cumbre de blandas albas,
acariciada por las palmas diestras,
prensada por la hoja espejera del plátano,
o por la fibra dócil de la madera cómplice.
Desde el comal donde te esponjas y maduras
formando el nido claro y el velo delicioso,
nos llegas, atravesando mundos
y tiempos y raíces y estandartes.
Nos llegas a todos por igual,
para servir de plato, mano, pan,
taza, guarnición o distancia,
contraste bienvenido
con todo el alimento de este mundo.

Irrumpes muy temprano entre la infancia.
Entre el tazón de leche amanecida,
o blanqueando entre el caldo,
oscuridad de aromas del frijol.

Más tarde participas del café de los niños,
leche más dos gotitas de vainilla y su incienso.
Y te muestras tan dulce, tan alba, tan estrella,
envolviendo el queso de las fragancias y potreros,
o bañada en el cobre fugaz
de mantequillas cotidianas,
o recogiendo, paciente, hasta la última
gotita de natilla en el plato lustroso,
que cada niño te ama para siempre.

Envolviendo los gallos del peón y del obrero,
enrollada y crujiente en el "taco" norteño,
gustoso baúl para el repollo y la carne mechada,
saltas por todo el abecedario del sabor,
abres insospechadas puertas al placer y al recuerdo
y te meces en todas las infancias,
en todos los comales de la patria.
Herencia que dejaron los abuelos vencidos,
los hijos del maíz y sus verdes espadas,
los hijos del maíz y sus rientes mazorcas,
los nietos del maíz y sus diluvios,
en la guerra silente, inacabable,
contra el hambre de todo nuestro mundo.

JUNIO

A Jorge Dobles Ortiz, mi padre. A su recuerdo.
A su amor reconfortante y alegre,
como una fiesta de cumpleaños sin tiempo.

Junio es un himno en sus mañanas fúlgidas,
lleno del incienso que el día quema
en sus amaneceres de tierra despertada,
con todas las frescuras y con todos los brillos
que la lluvia nocturna hereda a la mañana.

Después del mediodía
se cierran los portones de la luz,
los tambores del cielo se estremecen, rotundos,
las nubes convulsionan, desdibujando techos
inaccesibles, lóbregos,
techos que corren, danzan, se arremolinan
en cavernas inmensas que amenazan,
oscuramente poderosas,
desplomarse así, enteras sobre nuestros deseos
de prolongar la luz de la mañana.
Todo se ha oscurecido y los truenos bostezan
Sus acordes rotundos —casi plomo—en las crestas
de los montes prematuramente anochecidos.
De pronto hay un silencio de catedral dormida,
la antesala de un rito poderoso, el inicio de un
      drama
en que todas las fuerzas se detienen
como lanzas en punta,

y por unos momentos hasta el viento suspende
su resollar profundo.

Estalla la tormenta.
Pareciera que una gota tan sólo
inaugura el diluvio,
que un solo pétalo tronchado abre
la destrucción del vendaval.
Toda la furia nívea
de los pequeños espíritus del agua,
hecha granizo y lluvia, cae golpeando la tierra,
las ventanas del sol, los techos de la tarde,
las rosas ateridas del jardín.

A los pocos minutos
corren ríos enfrentados por las calles,
los caños son crecientes iracundas
que arrastran el fulgor de la mañana
y los restos menudos de la ciudad y la vida.

Este es el junio de mi tierra. Hay otro
junio que me persigue como sombra de amor,
cuando ya se despide entre fulgor y tarde.
Es mi padre y su aliento festivo
de joven que se niega a envejecer.
Por eso siempre es negro su cabello
y su sonrisa sigue ignorando la muerte.
Camina firme y entusiasmado
y sus manos, ¡benditas manos fuertes!,

Tienen el vigor que sostuvo como una antorcha,
su madurez de joven que no pudo
cruzar hacia el umbral de la vejez.

Junio es mi padre
y aquel, su almuerzo de cumpleaños
de familia femenina y ritual:
espárragos amables, sidra española y fresca
aliviando la canción sofocante
del mediodía y sus tambores sordos.
Y el queque decorado exactamente
para su paladar de niño
furtivo entre la fiesta.
Nuestras manitas leves en su gran mano cálida,
y aquellos primigenios pasos de danza y lumbre
que él sabía tan bien, e iba enseñando
a nuestros torpes piececillos
de niñas emergiendo de la primera música.
Por la tarde, la ceremonia del café,
y la abuela contando historias de familia
ya sabidas, que vuelven a escucharse
con la alegría del descubrimiento,
mientras afuera aúllan las tormentas de junio
y San Pedro se seca sus lagrimones fríos
en cada charco y risa de su fiesta.

Junio es un alerón en el recuerdo,
una figura amada en el ya y en el siempre,

y en él, y en sus tambores
de hombretón de la lluvia
vuelvo a ser niña y a acurrucarme, tibia,
en los brazos sin tiempo de mi padre y su música.

AGOSTO

> *A mi madre Angela Yzaguirre,*
> *primera campanada de poesía en mi niñez.*

Como un diente de león desvanecido
por el soplo de un niño,
así se van los meses,
esparcidos en el tiempo sin nombres,
suavemente, sin percibirlo casi,
sombrillitas pequeñas y traslúcidas
 que vuelan y se pierden en el viento
de los días incansables.
De pronto, alguno caerá al suelo,
se afianzará a su terrón nutricio, inevitable,
y la sombrilla frágil
enraizará, tomará un tallo absurdamente verde,
y dará vida a algún objeto hermoso
que crezca y se trasmute,
y se nos vuelva copo, o girasol, o poema,
      o cebolla.

Así la vida y agosto en el portal
como una flor de lluvia y de festejos:
mi madre entre las brumas de mi primer poema,
aquel que en un agosto de mi escuela
germinó, casi sin esperarlo,
como un broche de amor o de deslumbramiento
ante la voz materna de rotundas campanas
que me hablaba poemas, me extasiaba en poemas,

de Gabriela, de Juana, de Alfonsina,
de Martí, de Rubén, y de tantos y tantos
nombres que se prendieron a mi oído,
y ante cuyas palabras
se abrió en mi el juego nuevo
de la poesía que estalla
en gracia y sentimiento,
y música y sorpresa.
El juego insospechado que me amó para siempre
con sus campanas hondas, abiertas, sonorísimas
tan claras, tan intensas, que abrían puertas
y tapias y oídos y jardines,
con sólo su tañer de mañana entusiasta.

Mis primeros poemas ilustrados
por mi mano que nunca aprendió a dibujar:
dedicatorias breves a mi madre,
a mi padre, al moscardón de luz de la mañana,
a mis años tan verdes, tan azules,
donde todo fue cómplice de lecturas y versos:
encontrar la palabra que se transforma en fruta
y darle su sazón y su perfume,
paraíso terrestre de la dicha inicial.
Hoy recorro sus líneas desiguales,
dispersas entre sueños y objetos diminutos,
y parece que todos los versos pergeñados
en la primera infancia,
aromosos a frutas y a torpezas
tuvieran la tarea
de romper con su música el silencio

de bestiecilla huidiza en que nacemos.
Hoy, otro quince de agosto
de tantos que me acosan
en poesía y en recuerdos,
quiero darle a mi madre su poema,
el de mi propia infancia,
y pedir que lo lea con su voz memoriosa,
todavía campana de alturas y de gozos.

Pero ese poema,
el que aún escribo y pulo
y releo en mis sueños, despacito,
aún no tiene final.
Dirá muchos agostos con su lluvia apretada
y sus niños alegres,
recorrerá los sueños
de abuelas que se duermen
en las largas veladas familiares,
fijará el eslabón siguiente del destino,
continuación del tuyo,
madre de mi poema y de mi vida,
allí donde mis hijos son también mis poemas.

De *Poemas para arrepentidos*

Editorial Universidad Estatal a Distancia,
San José (2003).

Ronda del niño interior

La noche es la franja de miedo
que se agita allá afuera.
Ahí las sombras nos devuelven
al aterido niño que aún somos,
El niño que es suspiro de Dios
en el fragor sombrío
de la noche del hombre.

Y esa porción de niño que aún ríe
desde estos, nuestros años plenarios,
la que nos da la cumbre, o el delirio
del poema inacabado,
del beso inacabable,
del placer acabándose,
seguirá riendo o balbuceando,
o intentando la lágrima
hasta rozar la muerte
con los mismos asombros de la vida.
¡Ah plenitud de infancia ante la música!
Ante el color distinto con que el día sorprende,
ante el sencillo logro del paladar
en la mesa servida.
Ante los brazos, añosos o infantiles,
que nos aman.
Ante tu rostro de niño engrandecido
que se me acerca, riendo,
a inventar otro juego.
¿Lo jugamos, amor?

Lucha con la cebolla

La cebolla me sigue, me acosa, me subleva.
Sus cristalinas capas,
su aroma a hogar, a tierra y a nostalgias,
su lágrima redonda, como un dolor oculto,
de tan blanco, invisible,
que nos hiere entre los ojos y el recuerdo,
me llegan desde cualquier país
donde tendamos mesa,
desde cualquier cuchillo malherido,
desde cualquier ausencia
que me abra las mañanas impares e imparables
del desconsuelo y de las lejanías.
No importa dónde,
en el momento en que la hiero
y desgarro su dorada envoltura,
cortando con inquina sus pezones oscuros,
me acosan las imágenes
del hogar tan lejano que me duele
y me inunda la agridulce nostalgia,
cenicienta como todas las cosas
que se aplazan indefinidamente
y crean caos de raíces, de afrentas, de cenizas
en lo más sigiloso del espíritu enfermo.

Yo no quiero partir otra cebolla
hasta no estar en casa, en mis paisajes
cotidianos y abiertos, y entonces sí,

llorar a gusto por su sed de lágrimas,
con rabia contenida que se vacía,
a gritos en mi cima y en mi abismo.
Yo no quiero cargar tantos enojos
que la misma cebolla y su dulzura
se me amarguen en pleno paladar.

Mañana habrá en mi mano otra cebolla,
y seguiré partiéndola y picándola
sobre la misma tabla de desconsuelos hondos
que me abre las mañanas de rutina sin prisa.
Mañana empuñaré mis sueños sin desquite
interrumpidos por el sol ajeno,
reprimiendo mis lágrimas de escarchados exilios
en nombre del amor y sus remiendos.

Concierto de vida y muerte

<blockquote>Escuchando la sinfonía Titán, de G. Mahler.</blockquote>

Es la vida, es la muerte,
detrás de todo acto y todo instante,
comiéndonos la nada.
Desgastándose y creándose
entre la tempestad y sus fulgores.
Estallando de flores y de sangres,
vórtice y remanso al mismo tiempo,
en cada gestación y sus jadeos,
sobre cada agonía y sus jadeos,
bajo cada jadeo y su esfuerzo de luz
despedazada.
Somos eso: gestación y agonía,
éxtasis y delirio.
El violín de la boda, los tambores del duelo,
el grito doloroso y triunfante de los recién nacidos,
el clamor luminoso de cada amanecer,
el sollozo en la pérdida,
el ritual encendido de la risa,
el *pianissimo* canto de la cuna,
el alarido de dolor sin tregua,
el fragor amoroso que no acaba
de extenderse en el mundo,
el puñal y su ruido de sangre a borbotones,

la explosión de la bala, seguida de un silencio
más hondo que el vacío del aire y sus cenizas.

Somos todas las notas y todos sus silencios.
Abrid más la ventana.
quiero vibrar, contagiada de mundo,
sensible de belleza hasta el dolor,
éxtasis de mí misma en comunión con todos.

Agonizo y estallo entre la música

De *Casas de la memoria*

(2005-2015).

REFUGIO PARA DOS
15 Rue Erlanger, Paris.
(1998-1999)

El otoño de las ciudades tiene
uno sé qué melancólico de tarde,
como si la caldera de lo humano fallido
condensara en otoño todas sus levedades.

Entonces basta un árbol. Uno solo,
y mejor si son dos, como estos nuestros,
que se yerguen, unidos y cantores
para olvidar tristezas, espectros y silencios
y sentir el llamado de la brisa en sus bordes.
Sólo dos en la calle, como éstos,
que se cuelan a pocos, dulcemente
con su fulgor furtivo sobre nuestro balcón.
Orgullos de la acera, pregones diamantinos,
pajareras en pugna, paragüeras del sol.
Y la lluvia, y la lluvia desconocida y ocre
hermana barro y oro en la misma canción,
en donde cada charco es luz estremecida
y el frío ataca de pronto, sin fulgor y sin voz.

Sin embargo, este otoño yo te amo
así, otoñal, de una manera nueva.
Junto a este radiador que inicia sus incendios,
un amor de pantuflas y palabras pequeñas,
de poemas que nacen, de sofá atardecido,

de caricias que rinden sin comenzar apenas,
cuando van encendiéndose las luces de los barcos,
enjambre de luciérnagas titilando en el Sena.

Y allá lejos, detrás de nuestra calle,
el cobre de los bosques de Boloña,
cúpula viva, en el verano quieta
y hoy, tobogán del viento entre las hojas.
Ah pisito minúsculo, tan breve
como una zapatilla de cristales rotundos,
rodeada de calles tumultuosas y rápidas
donde nunca está el mundo.
Pisito para dos bien entendidos,
con su bañera azul, como un mar diminuto
y su enorme balcón amanecido
cada mañana frente a las dos higueras
que van enmudeciendo conforme pesa el frío.

Cocina de dos pasos, burbujilla de olores,
un dormitorio- estudio con su cama esperando,
reino de los amantes, cancha de los amores
que hemos alegremente inaugurado
desde nuestros reencuentros otoñales,
en este otoño tan recién llegado.

LA CASA DEL MAR
72 Misty Road, Rocky Point, Long Island.
(octubre 1984-diciembre 1985)

Era un acantilado que miraba
por sobre la móvil techumbre fulgurante
de árboles y gaviotas, hacia el mar.
Desde quinientos metros de nostalgia
oteaba, deslumbrado, el triángulo de azules,
trasmutado según el capricho del día,
en cobaltos, o verdes, o cenizas, o lumbres.

Era un jardín de árboles antiguos
que en el acantilado convocaba
la niebla por las tardes, cristal, sal y marismas,
donde alguien susurraba canciones inefables,
mientras el viento intruso iba quedando preso
en esa niebla espesa, de las ramas prendida.

Era una casa de maderas claras
en el jardín ambiguo,
construida con amor, tabla tras tabla,
por el soldado John, que volvió de la guerra
con un horror más grande que su muerte,
y no quiso perderse nunca más
entre los laberintos de la nada y la sangre.

Era nuestra familia enamorada
de la vieja casona sin remilgos.

El único refugio que aceptó a nuestra vida.
plena de niños en tropel.
Y allí cantamos todas las nostalgias,
al amor de la amplia chimenea
que resoplaba humos y cenizas
en las noches agresivas de invierno,
cuando la tempestad de la bahía
la transformaba en faro solitario,
donde el único huésped era el viento
generoso en sus hielos sibilantes.

Era la calle de las nieblas recias,
"Misty Road" la llamaban, nuestra calle,
donde en la esquina circular,
misteriosa diadema del jardín,
la nieve se agolpaba, bufanda sigilosa,
desafío en la mañana de las palas,
euforia de los niños en los días tormentosos
      sin escuela.

Cómo recuerdo aún el perfume de su aire
de manzanas recién endurecidas,
y el bramido ignoto y primitivo
del huracán y su barrido de árboles,
cuando el agua del mar se puso negra
y el corazón se desbocaba al ver
las olas, como antiguas murallas del oleaje
que devoraban cielos y despojos con idéntica
      furia.

Casa donde la luna
daba un beso azulado en las noches de nieve,
casa donde la infancia plenaria de los hijos
confortó con un beso de siempres y de nuncas
la perenne nostalgia que lengua y patria ausentes
convocan en la noche sin raíz del exilio.

LA CASA ESCONDIDA
Freses de Curridabat
(agosto 2011 - junio 2017)

Me enamoró desde el principio:
ese palmar cuadrado
rodeado por las casas de doble piso,
que charlaban entre ellas.
"Condominio" lo llaman, pero es una tertulia
de puertas y ventanas soñolientas.
Y al fondo, oculta detrás de las palmeras,
mi casa, la que se oculta, tímida,
y no quiere mostrarse demasiado.
Quizá porque ha asumido de corazón
su misión protectora frente a mis soledades.
La he llenado de plantas y monólogos,
pinturas y monólogos,
y de fotografías y de monólogos
y de poemas que asaltan
desde cada rincón y cada cielo.
Y envejece conmigo
al paso de los "días como años",
sumando alas y sueños
para desbaratar las pesadillas
y anegar los silencios en su música.
Despidió a mi Camila,
la nieta que partió muy temprano,
rebelde ante su propia despedida,
y ha recibido a Soledad y Lucía,

mis nietas casi veinteañeras,
que han encontrado en sus albas paredes
su casa de estudiantes.
Hoy abraza, feliz, a mi familia,
A mis nietos pequeños, Santiago y Joaquincito
que retozan en sus espacios mínimos,
a amigos y a poetas,
-rectángulo de paz en la ciudad bullente-
porque quiere, como yo,
sentirse viva, vibrante y generosa
en los años postreros.
¿Que sólo es una casa?
Es mi cómplice en la diaria tarea
de administrar la dicha.

De **Fuera de álbum.**

Editorial Universidad Estatal a Distancia,
San José (2005).

DE NIÑOS Y DE ÁRBOLES

Mi nieta Soledad dibuja árboles,
centenarios, veraces,
plenos de nudos y neblinas
y cuernos y raíces,
árboles de su imaginación de siete años
que aún no llegan a ser.

Es un poema su complicidad
con los genios que nacen,
vivificando el bosque,
una delicia su trato de otras vidas
con las ramas urgidas por el viento,
una sabiduría inexplicable
su interpretación de tanta magia
con el lápiz obtuso, pero alado.

Y yo me quedo meditando, inquieta,
sobre la alianza clandestina y magnífica
entre los niños y los árboles,
como si ambos supieran algo
que yo olvidé, desmemoriada ahora
de tantos esplendores
que se quedaron lejos,
en el portón veraz y clausurado
de mi infancia.

RÁFAGA

Tus hijos no son tuyos. Son hijos del anhelo de la vida.
K. GIBRAN

Sobre mi casa, ráfaga,
entre mi casa, hielo.
Un viento ineluctable,
destinado y urgente,
ha vaciado de voces
su aire de mansos ventanales,
pintó de ausencias sus rincones,
y garabatea penosamente
un silencio mayor sobre los muros,
como el de un templo traicionado y vacío.
.
Un viento ya esperado, y no por ello
menos furibundo y tenaz,
ha esparcido las voces de mis hijos,
ha soltado nuestras manos,
entre vuelos y nuevos estandartes.

Es ráfaga en la cumbre,
es hielo en el umbral.
Y yo sigo abriendo las ventanas
que pretenden cerrarse,
desparramo el calor que prodigan mis manos,
y pretendo ignorar tanto silencio
poblándolo de música.

Me he pasado la vida rodeada de canciones,
de voces, gestos, risas, voluntades.
Y de pronto, este viento puntual
lo invade todo y se traga el pasado,
da un portazo, y me quedo,
las manos extendidas en mitad del umbral
de imposibles retornos.

Corro a abrir esa puerta,
la misma que ha golpeado
su soledad oscura en el batiente.
Mis hijos siguen, más allá,
empujados por la ráfaga terca
de un destino que se abre
en urgentes caminos.
Hijos, manos mías en el mundo,
que no reclamaré.

FUGA DE MUERTE

A propósito de un video sobre las víctimas de Alteal, Chiapas,
filmado en diciembre de 1997.

Pero, ¿a dónde van?
Atravesando ajenos montes de soledad,
cargando peso a peso su propio desamparo
por los hostiles páramos en que la muerte anida.
El paso muy pequeño y la mirada larga
por todas las fatigas y los fríos de este mundo,
¿a dónde van?

¿Dónde su albergue, su maíz, su canto?,
la mano fraternal que los devuelva
a la roca materna, anterior a la herida?
Apátridas perennes,
¿cuándo terminará su errar de siglos
por las tierras en donde sus abuelos
hicieron dios al colibrí y al puma,
perpetuaron al águila
en sus cielos de barro policromo
y llenaron de ranas
los espejos del agua y de la piedra?

Aplastados bajo el peso del hambre,
pariendo entre la lluvia,
sollozando por sus casas derruidas,
y por el grito agónico
de sus muertos recientes

que los persigue como un mal sueño.
Arrastrando a sus hijos
fuera del vendaval y de la fiebre,
bajo el abrigo triste de una hoja anegada,
¿a dónde van?

Atrás dejaron todo:
los güipiles florecidos en rojo
por manos primorosas
quedaron en el barro de los odios.
La piedra de moler, despedazada
no volverá a cantar sobre el maíz precioso.
Y de la casa, sólo
un enjambre de latas y de óxidos
sostiene su memoria.
Se ocultan del ejército,
De su antifaz violáceo y desangrado.

Se ocultan de la mano del vecino,
inesperadamente cruel.
Y huyen, huyen, porque la lejanía
es la dudosa puerta hacia la vida,
donde no llegue la traición,
ni la tortura incube sus dolorosas larvas,
ni las preguntas lleven el pavor y la sangre.

Pero, por Dios, ¿a dónde van
bajo la lluvia ciega
y la noche, aún más ciega,
del hombre?

LA ÚLTIMA MUÑECA

Hoy emergiste del armario
de muerte de mi madre,
armario clausurado mientras vivió
por su larga agonía sin retornos.
Hoy te hallé polvorienta,
con mi nombre polvoriento también
y tu cabellera de oro viejo,
un tanto desprendida y agobiada
por las uñas del tiempo.
Con tu sonrisa de virgen impertérrita
y tus mejillas ligeramente coloreadas
sobre la pasta antigua, yaces en un pasado
incompleto en su dicha que fue,
falaz en su lejana realidad.

¡Mi última muñeca!
Con la que dije adiós sin enterarme
a mi infancia plenaria y protegida
donde la dicha no se hacía preguntas
y las palabras: poemas, cuentos, acertijos,
caían sobre mi vida, sólo soles de asombro.
La del vestido verde para los años verdes,
jugosamente estremecidos y leales.

Otra mujer surge de estos últimos años,
polvorienta, salina en tanta lágrima.

Y te toma de nuevo de la mano
después de verdor, hijos, amores, agonías.
Otra que quiere de pronto romper barcos,
mares y deslealtades
con su palabra, con su piel, con todo.
Arañar esta estepa de soledad abierta,
devolverse a morder amarras escondidas,
detener este tren que va acercándola
a la consumación,
porque aún desea, y tiembla, y está viva,
abrazada a una vieja muñeca sin regresos
que sonríe, estatuaria y ritual,
en el mar sin recuerdos y sin fondo
de estos, sus agobiantes desamparos.

LA CASA CERRADA

La casa de mi madre sigue allí, en pie,
extrañamente en pie,
como el tronco de un árbol
ya vacío a ras de la tormenta.

Pero nada se mueve en ella.
Nada bulle detrás de las paredes agobiadas,
nada pulsa, excepto el desamparo
que busca ansiosamente viejos ecos
en los amplios zaguanes,
donde el silencio anida como pájaro roto,
más penoso aún después de tanta música.

El reino de la ausencia:
esta es la verdadera ventana de la muerte,
que cristaliza todo lo vivido
en una urna imposible a los retornos.

Camino por las habitaciones
desiertas como espejos
que ya nada reflejan.
Con los muebles ausentes se marcharon
lo poco que quedaba de tu aura, madre,
y de nuestra presencia de infancias tan vividas
que su hálito terrestre
perfumaba aún mosaicos y rincones.

Quiero creer que tu saludo
desde la muerte fue veraz.
Que el sueño de las niñas
viéndote entrar de nuevo
con tu sonrisa de flor antigua
a la casa que nos vivió por medio siglo
fue un mensaje certero
para mi duelo sin respuestas.

Pero no hay resonancia en mi congoja.
La materia es tan sorda,
mi llanto tan espeso y tan urgente
que tan solo me queda este poema
donde converso a solas con la ausencia,
frente a aquel patio nuestro,
donde los árboles ancianos
sembrados por la mano paterna
-¿los recuerdas en su cortina de abandonos?-
se nos mueren también.

De *Cartas a Camila*

Editorial Líneas Grises,
Círculo de Poetas Costarricenses, San José (2007).

Quinta carta

Noviembre 2006

Las frutas te han abierto
una puerta muy dulce a los sabores,
Camila, golosa duendecilla
que busca, indaga, toca, paladea
los dones de la tierra.

Exiliadas definitivamente la naranja y la piña,
escogidas suavísimas,
nunca ácidas, nunca insolentes,
como estrellas del gusto,
entran a tu cuerpecito,
a veces demasiado cálido,
ríos que diluyeran
esa guerra feroz
en tus entrañas.

La papaya, terciopelo luciente,
conforta tu sufrida digestión,
donde el calor invade tus silencios.

El melón, elixir que equilibra y refresca
tu pequeño hígado herido.
Curador antiquísimo
en las artes terrestres
de frutos y de hojas memoriosas.

La sandía y sus rojeces tan dulces,
agua de la alegría
que entusiasma tu paladar,
a veces alicaído, a veces cabizbajo,
saturado de remedios y amargores.

¿Y el mango?
Densa burbuja ecuatorial,
que hace innecesaria toda azúcar.
Y que llena tu boca pequeñita
con el claror amarillo encendido
que te fascina.

Pero entre todas ellas,
el rey es el banano.
Doquiera ves su curva apetitosa
Y su color de luz,
tu dedito lo muestra,
y tu sonrisa asoma.

Si de algún alimento
es tu salud deudora,
es esta fiesta benigna de las frutas
y su suavísimo esplendor.

Sexta carta

                                        Febrero 2007

¡La palabra! ¡Las palabras!
Descubres las palabras, niña mía,
como quien juega y mezcla
piedrecitas azules, amarillas y blancas
salidas de algún río
antiguo y tumultuoso
que aún no puedes vadear.
Y las oyes, las imitas, las trastocas,
con esa media lengua de asombro
que va adentrándose en la gracia
de una clave sonora y deliciosa.

Juegas con las palabras como juegas
con mis pequeñas joyas,
como te asombras ante el cubo de vidrio
lleno de ángeles
y lleno de silencios.

Las sacas de tu boca
lentamente, saboreándolas,
con un esfuerzo que se premia solo.
Y al oírlas sonríes,
porque al igual que el pez de colorines
y los muñecos diminutos que duermen
en su indígena estuche
sobre mi escritorio,

te divierten, te extasían.
Y tu mente que se abre
como humana flor de asombros
intuye que serán
vida en tu vida.

Octava carta

Abril 2007

Te apasionan las cosas pequeñas,
medidas con el volumen de tu aliento.
Aquellas que tus manos revuelven y acarician
abriendo diminutas ventanas al asombro:
la polvera musical de la abuela
y su tarareo de brillos azulados,
mi agenda anaranjada con sus calcomanías
donde Mafalda irrumpe con su tropa de amigos,
que arrancas y trasladas por el solo placer
del que florece, antiguo, en sus descubrimientos.

Pero entre todas ellas,
escoges la pátina de sombras y de luces
de las fotografías familiares,
aquellas que se empeñan en fijar el pasado
con su barniz de atónitas memorias.
 ¿Qué verán tus ojos infantiles
más acá de las luces en sus bordes?

Desde muy pronto saludaste,
asombro sobre asombro,
a padres, tíos y abuelos con tu índice elocuente,
en medio de la niebla de colores
que el papel nos devuelve.

Y te encanta volver y repetir
sobre las mismas fotos,
tu breve y amorosa ceremonia,
como si hace siglos compartieras estrellas
con toda la familia.
Bienvenida, Camila,
quédate con nosotros.

Decimotercera carta

3 de agosto, 2007
*(Camila Albán recibió un hígado nuevo el 1 de agosto,
de un donante que falleció la víspera)*

Corro y me apresuro, Camila,
con el corazón en la boca,
y una prisa de cielos en la calle.
Porque sé que me esperas, nietecita,
en esa cama de hospital,
bajo la niebla ambigua de la sedación.

No podré ni tomarte de las manos,
repletas de agujas y mangueras de vida.
Pero pondré mi mano sobre tu pecho,
ay, demasiado pequeño,
y sabrás que estoy aquí.
Porque aquellas canciones
que recorríamos, gozosas,
y los poemas que en mi voz repicaban
repitiendo a mi madre, estarán en tu oído.
Romperán este silencio clínico,
y su blanca mordaza.
Y las palabras te confortarán,
evocando risas y juegos y paisajes
que dejaste perdidos
cuando la muerte comenzó su acechanza.

Paz para quien en su muerte
pudo darte la vida.
Porque muerte y vida conviven, nieta mía.
Son rostros expectantes de nuestro transcurrir.
Despierta de este lado, Camila del destino,
hacia el rostro ferviente que la vida te ofrece.

De *Hojas furtivas*

Editorial Costa Rica, San José (2007).

DE PALABRAS

La palabra, tu palabra
es un barco certero hacia el deseo.
Lanza tan primitiva,
caricia tan urgente,
lindando casi con el rojo
mordisco de lo obsceno.

Tu palabra me sobresalta,
me desata, me incita.
De repente, plenamente verbal,
me humedezco de esencias germinales,
y se activan mis manos,
mi cuerpo, mi palabra también
para domar el aire con la tuya.

Tu palabra, furtiva entre mi oído,
antiguo moscardón malicioso,
me cosquillea el instinto.
Subleva mis silencios
y, exacerbada de penumbras
nos acerca y nos une
en esa vieja danza
de los cuerpos deseantes y absolutos.

Tu voz y mi voz se están amando
entrecortadas, susurrantes,
plenas de excitaciones, de turgencias,
de alientos agresivos o ternísimos,

entre un silencio despeinado y gozoso.
Palabras que se tocan,
se muerden, se estremecen
en esa enredadera de deseos
que es sólo aire empapado y aromoso.
Hacemos el amor también con la palabra.

ÁGATAS

Ágatas en mi cuello,
tajadas de un arbusto prehistórico,
azules manos duras,
voces cristalizadas
que se vuelven monedas
trasluciendo en mi piel.

Las amo porque son
testigos de una historia
que nunca presenciamos.
Con sus capas concéntricas
de arbolillo que canta su pasado
desde el cristal sonoro.
Remotas joyas
que la Tierra devuelve de la tierra.
Descansan en mi escote
como retando al tiempo.

Así quiero tus manos:
fuertes, tibias y bellas
sobre mi cuello,
adentrándose en las profundidades
que apenas si conoces.
Presente urgencia,
brocal sin fondo
del deseo.

EL INVENTADO

Cada mañana, puntualmente,
con la morosa exactitud
de una obsesión de péndulos
en el borde del sueño,
allí donde los deseos y los temores
cuelgan, se desprenden, gotean
como lentas lágrimas impuras,
apareces.

Eres el inventado,
la imagen sin espejo,
el doloroso objeto de mis sueños
que aprovechas mi sopor
para colarte, clandestino,
hasta donde no te permito en mis vigilias.

Eres el inventado,
mi criatura tenaz,
la que fui armando despacito durante tantos años,
remendando, amorosa,
a cada golpe de realidad.
 No somos más que dioses
que mueren y reviven
sacando de su manga,
como magos de invento,
risas, relojes, luchas,
amores y espejismos.

Y aunque ya no te invento,
sigues al borde de mis sueños
repitiendo alegrías exterminadas,
colocando éxtasis y mundos
y mañanas antiguas,
borrando y repintando
todo lo que no fuiste,
lo que yo puse en ti,
inventado quizá,
pero mío hasta la última lágrima
sucia de realidades.

SÁBANAS POR LAVAR

No cambiaré mis sábanas aún.
Dormiré entre tu olor
como en una llanura cadenciosa
que no quiere marcharse
y que me inunda
de aromas no aprendidos
y sorpresas suavemente adictivas.

Dejaré mis sábanas, tan tocadas y regias.
Y tu presencia que empapó sus hilos
prolongará los goces de esta noche
entre mis repetidas soledades.
Tú estarás lejos.
Pero tus humedades,
y ese sudor ferviente,
licor rotundo en nuestras fiestas rotas,
seguirán embriagando mi deseo.
No cambiaré mis sábanas aún.
Las manchas tan plenarias
se me antojan océanos clandestinos,
mares donde el recuerdo
salpica tu presencia en tenues lampos.
Así se quedarán.
Sábanas de un amor deseoso, antojadizo,
como un niño extraviado
en la feria de luces de tus manos.

Fundas donde nuestras cabezas
marcaron su tenaz concavidad,
ahuecando almohadas y pasiones.
Esta noche dormiré como nunca
sobre el perfil de aromas
que ha regado tu cuerpo
en el valle sin luto de mis sábanas sucias.

CÓMPLICE CRISTAL

Tú y yo
nunca sobreviviremos
amarilleando juntos en una fotografía.
No nos adentraremos en la huella de luces
de un papel que no hablará de nuestros amoríos.

Por eso me gusta vengarme del olvido
y posar junto a ti
frente al mudo rostro del azogue perfecto.
Desde el rubor deseante del placer,
jugar contigo a tomarnos esa fotografía.
Vernos, juntando las cabezas tan gozosas,
desnudos y abrazados,
enardecidos de ausencias y deseos.
Como dos adolescentes que ejercieran
el antiguo y silente sacerdocio
de explorarse en los besos,
y rompieran la rígida armadura del pudor,
dándose, mutuamente,
la gloria de los cuerpos.
Posar en esas tardes
en que te tengo a ti y a la lluvia envolvente
cuando   su   ronco murmurar
nos cubre y nos rodea,
en esa fotografía ritual y silenciosa,
perfecta y fugaz
como la dicha,

porque es sólo de instantes
en el hoy sin memoria.
Me gusta, amor,
posar desde tu abrazo,
firme encierro de voluntad y músculo
y jugar a la dulce fragilidad
en el conjuro entraña
de nuestro espejo cómplice.

De *Trampas al tiempo*

Editorial de la Universidad Estatal a Distancia
(2014).

Primer amante

Desde los doce años,
mis ojeras, oscuras y profundas,
anochecían mi rostro desde buena mañana.
Escollo para la perfección,
los fotógrafos de estudio
las cubrían y recubrían con odioso entusiasmo.
Disimuladas por el prohibido maquillaje,
se esfumaban, furtivas,
frente a los ojos inquisidores de mi madre.
Herencia de los troncos que me dieron origen,
donde deambulan, rotos, trashumantes judíos
desde la vieja España,
fueron imborrables intrusas
contra mi anhelo adolescente
de belleza nacarada.

Pero un día lo escuché:
su poesía, proyectada sobre una música
que inundaba, sensual, todas mis ventanas:
"y en tus ojeras
se ven las palmeras
con rachas de sol".

¡Ay, Agustín Lara !, gracias a ti
mis ojeras se tornaron radiantes,
y ya reivindicadas, fueron sensuales luces,

ojos de gozoso misterio
donde apoyar mi torpe adolescencia,
morena y larguirucha.
Como lo hace un amante,
me hiciste bella, Agustín, con tu poema.
Al igual que en antiguas pinturas melancólicas,
donde rostros de damas anhelan y prometen
un perfume de tiempo y de pasiones
entre ojeras violeta
y pestañas *"que abanican la tarde"*.

BANDERA

Somos una bandera de palabras
contra tanto silencio.
Una pasión desatada y perenne
entre las dos tinieblas
de nacimiento y muerte
que nos urden.

Ondulemos al viento inevitable.
Y que nuestro destello arda en el filo,
fugaz, pero bellísimo,
inerme, pero terco,
mortal, pero amoroso.

Somos palabra,
como quien dice tránsito,
pasión, memoria, augurio.
Palabra que ondea, luminosa,
interpelando a la consumación.

DESPUÉS

Y después del amor,
¿dónde quedamos?
Seguimos navegando en él,
plácidamente ahora.

Tu mano deslizándose en mi espalda,
cabalgando en caricias inventadas,
diciéndome que sí,
que más allá del éxtasis deseante
descansa la ternura,
y que, aunque hayamos saciado
esa sed mutua de los cuerpos
y su sudor ferviente,
nos amamos también de otra manera.

Yo acaricio tu cabello,
resbalo mis dedos por tus sienes,
aún palpitantes,
por tus párpados, tan amados,
que obligo a hacer caer sobre tus ojos,
momentáneo telón,
ráfaga pura,
mientras llegan mis manos a tu pecho
y juegan con el vello pequeño y dulce,
que sobre tu piel húmeda se extiende.

Tu ternura me salva.
Donde otros dan la espalda,
tú acaricias.
En mí siempre, tu mano prodigiosa.

DOS LLUVIAS

La lluvia me solivianta,
me despeina el ánimo.
Estos "ríos verticales "
de mi patria en invierno,
esta música fluida,
estos coros de bajos languideciendo
sobre techos y hojas,
me son hermosamente necesarios.

Detrás de los cristales,
sobre el vaho sumiso de la ciudad,
un concierto de techos inicia su obertura,
un rugido de gotas se desparrama
sobre calles y parques,
colmando caños, verdores y cementos
con idéntico brío.

Sin embargo, más allá,
sobre el muro radiante de los campos
arañado de bosques y silencios,
la lluvia es sigilosa y avanza de puntillas,
verdemente caricia,
sobre la mansa sábana
sitiada por relámpagos y tambores lejanos.
A mí, verbo de ciudad,
el urbano vocerrón del aguacero,

ese concierto de trombones
sin clemencia y sin tino,
me convoca a la niña
que sigo siendo en esas tardes rotas,
con su motín de aguas
estruendosas y mías.

Designio vital

> *Quiero escribir, pero me sale espuma.*
> César Vallejo

Cuando la poesía me acomete y trastoca,
ya no me sale espuma.
Pero, ¡cuán difícil encontrar el minuto
de la primer palabra!
Lograr la estela,
esa punta del hilo que soltará en creciente
la madeja, la ola,
el ritmo asordinado y delicioso
del poema inevitable.

Los rituales feroces de la casa
van devorando medias horas eternas.
Tardes interminables me golpean la paciencia
mientras surgen metáforas en todas las ventanas.
Y si voy conduciendo,
o engrosando la fila de la hormiga,
y manipulo cosas intrascendentes,
rutinas necesarias entre bolsas y cuentas,
se me agolpan motivos, desconsuelos
y desfilan palabras impacientes,
símiles tensos,
deseos inevitables de abandonarlo todo,
ser mala ciudadana, peor administradora
y correr al poema,

como quien corre hacia el amor, descalza,
sabiendo que no me fallará,
cual tanto amor falaz e infortunado.

Poesía,
única devoción que me marca mis días,
me configura el vuelo y lo acompasa.
Solitario reencuentro cotidiano
con mi fibra más honda,
en este remezón de alientos y palabras
que me inunda y me llama y me convoca.
Sólo mi muerte apagará tus voces.

LUNARIDADES

A la luna, embozada tras la sombra
entre nube y tiniebla,
la han mordido los días.
Y se ve enorme, chata,
sobreviviente cíclica
en alguna quimera.

Yo me muevo con ella,
mujer al fin, librada ya
de ciclos y de esperas,
entera aún para mí misma,
libre y dueña de afecto y soledades.

Cuando niña creía
que yo sería completa si era en otro.
Y el temor de no hallarlo
marcaba mis andanzas
y oscurecía mis velas.

Hoy sé, como la luna,
moverme libre, entre tiniebla y noche
aunque los días parezcan devorarme.

Poseo el saber de antiguas hechiceras,
siento el placer de sembradoras viejas,
cultivo la palabra y sus pasiones,

tengo hijos como puertas, siempre abiertos
a la recíproca fascinación,
sufro de amores que huyen y regresan
a puertos que la noche traza y borra,
como sólo ella sabe amar, distinto.

Y esa luz reflejada,
que es la luz de los otros,
me aparece en el rostro
cuando te estoy amando.
Luna al fin, donde planto
este humano esplendor,
en busca de palabras que develen
sus lumbres y pasiones.

A salvo de solares espejismos
estamos tú y yo, de cara al universo,
que nos crea y que nos borra,
interminablemente.

POEMA DE LOS SETENTA MARZOS

Es marzo, y aún no han cantado los yigüirros.
Su amoroso reclamo aún no enmarca
la temprana extinción de las noches
frente al amanecer.
No sabemos por qué.
Quizá la Tierra está asustada
de tantas amenazas.
Y el verano no sabe, después de tantos daños,
que debe continuar
repitiendo los tímidos rituales de la vida.
Me quedo, los ojos muy abiertos en lo oscuro,
meditando que hace setenta marzos
yo nacía de mi madre
una noche, en cuya madrugada
de seguro cantaron los yigüirros.

Ahora alcanzo, en la sombra,
una frontera ignota.
Y no sé qué silencios me acechan y amenazan,
ni en cuáles abandonos esperaré la luz.

¿Quién dijo que la vejez comienza ahora?
¿O es que la vejez es sólo otra forma serena
de repuntar la biografía,
buscando, noche a noche, esas puertas de luz
que se yerguen, sonoras, desde la oscuridad?

Los niños siguen siendo
mis asombros del hoy y del mañana,
ojos de Dios en medio de cada destrucción.
Los árboles, mis padres del silencio,
que me restauran, nítido,
el amor de mis progenitores.
Y mis hijos y nietos,
una sentencia plena de entusiasmos nutricios.
Y las manos de hermanas y de amigos,
red que me sostiene, firme,
sobre el abismo de tanta soledad inadvertida.
Y el amor, llama viva que aún grita,
desatando dolores y delicias.

Yo soy la misma niña
que escalaba los árboles
llamando a las guayabas y jocotes maduros.
La que lee en los parques del asombro
su poesía y la de todos.
Y la que encuentra música y poemas
en las penumbras de cada amanecer.
De seguro cada año las arrugas
ahondarán más su huella inevitable…
Pero el joven ritual sin desconciertos
de todos los yigüirros de este mundo
va a empezar, en cualquier madrugada
de ésta, mi costumbre de marzos.

PRIMER ASOMBRO

Dejadme salir, dejadme,
al gran patio que sostienen sólo
los cristales del sueño.
Dejadme abrir la puerta de sólidos barrotes
-la costumbre del hierro y la necesidad-.
Dejadme desplegar el viejo brío,
la beatitud en fiesta,
el alborozo de la libertad,
la liviandad de un vuelo
sin músculo ni ala fatigosa.
Dejadme hallar de nuevo
el caracol sonoro de mi infancia.

Y el gran patio sellado de la abuela Esperanza
me abrirá su portón en solitario,
arrasado hace años por las grúas
urbanas y temibles del tiempo ineluctable.
Allí su alto nido de enredaderas y esplendores,
sobre la tapia inaccesible,
donde la gran cascada verde,
plena de florecillas naranja
como dedos inquietos desde el viento,
me colmará los ojos y el fervor
con su fresco remolino antiquísimo.

Si pudiera ponerle un lugar a mis sueños,
los soltaría en el aire de mis cuatro años claros,

entre los altos muros de aquel patio,
en volandas de aquellas
trepadoras huidizas y floridas,
como guantes naranja contra el perfecto azul
de aquel cielo sin nombres.
Ese patio tranquilo que hoy no puedo encontrar
en el antiguo corazón de la urbe,
pero que estaba allí, en la cuarta avenida,
y hoy descansa en mí misma,
territorio sin más de mis paisajes íntimos.
Primer gozo perfecto, inicial beatitud
de la niña poeta frente al consciente asombro
de su primer verano.

EL MAR COMO SALVACIÓN

*En memoria de mi nieta Camila, desde esa última
noche terrible de hospital en que la invité a irse al mar.*

Mira hacia dentro el mar, Camila.
El mar que amaste tanto.
El mar que en tu memoria era de luz y azules.
Y que no te asustaba,
como en la realidad agreste y dura.
El mar que imaginabas ricamente
semejante al paisaje marino de mi sala,
fascinante a tus ojos infantiles,
impresionista, lúdico, vital y luminoso.

Frente a él te sentabas,
invitando a la playa.
Descalzabas tus inquietos piececitos sobre el sofá
y gozabas de esa arena imaginaria,
acompañada de los que te amábamos,
jugando a que eras tú la niña de la playa,
frente a un mar que no hería
tu frágil terror de criaturita
enfrentada diariamente al dolor y a la pena.

Ahora, que has partido sin regresos,
el mar reina en tu alma, estoy segura,
su azul, su espuma tenue,
y sus tercos reflejos como ojos.

Sus aires tan abiertos y tan nuestros.
Por fin descansas en su oleaje,
te extiendes en su seno,
amoroso acunar,
espuma como sábana clemente,
que nos acerca y une
en esa dicha clara de tu desprendimiento.

7 de noviembre del 2011

JUGANDO CON SANTI

A Santiago Albán, mi nieto.

La niña que me habita se despierta y sonríe
cuando Santi la llama. Y convence a la bola
de obedecer deseos para que pique aquí,
vuele allá, rebotando, y burle gravedades,
y, capeando tristezas, recuerde viejos trucos
y "obas" que saltaron
en las blancas paredes de mi infancia.
Mi niña se entusiasma frente al verde gigante
de los porós añosos y sus troncos de cuevas,
cuando Santi recoge palillos en el parque
para construir ignotos prodigios que no existen.
Y le ayuda a encontrar ocultos animales,
rostros imaginarios dentro los troncos secos,
como cuando la tropa de mis hijos pequeños
gorjeaba en mis silencios, despertando mañanas.
Santi y el viento retan a mi niña, que salta.
Y sentimos lo alegre de correr en la hierba,
persiguiendo no importa que fantasías o estrellas.
Santi ríe, y su risa contagia mis recuerdos.
Santi dibuja. Hay soles en sus trazos sonoros,
llenos de mundo y gracia que convocan mi lápiz,
urgente en el color de mis viejos cuadernos.
Santi cuenta una historia pequeña e inventada,
que tiene la rotunda claridad de los sueños,
y cinco historias pugnan por salir de mis labios,

a cual más imposible, y más disparatada.
Él es así: creativo, como la madrugada
cuando empieza su enigma de sombras y jilgueros.
Él es así: inquieto por su juego de manos,
por su trote de bolas, por sus mil personajes
de ficción que le acosan desde toda pantalla.
Y de pronto, se queda pensativo en sus casi
seis años de aprender que la vida es un juego
de amor que nos descubre lo que tenemos dentro,
contra todo pronóstico y contra todo espejo.
Santi es así. Mi niña le acompaña sonriendo
desde esta abuela inquieta que igual lanza la bola,
o cultiva entusiasmos huidizos, como pájaros,
o palabras al aire, metáforas temblando
que cazamos al vuelo, él y yo en una sola
carcajada de estreno.
La vida sigue dándome inesperadas prendas.
Yo agradezco y me inclino, tiritando en milagros.

LLANTO DE NIÑO

El llanto de un solo niño
desata en mí todos los llantos
de los niños del mundo.
El del niño golpeado por la mano
que debería salvarlo.
El del pequeño huérfano de guerra
que se refugia en las ropas sangrientas
de su madre yacente,
llamándola y llamándome.

No lo soporto ya, y se me vuelve
irredento castigo, doloroso puntal,
inflexión de violencia
que transforma mi oído
en un tronar de aceros.
El de la niña violada por su guardián,
transformado en verdugo.
El del niño que no entiende por qué
no llega a su boca el mínimo alimento.
El del escolar que debe trabajar
en las horas de clase que a diario
le usurpa la pobreza.
El de la hija del sida
que recoge todo
su ciego sufrimiento
en una cama de hospital.

El del hijo del alcohólico
que espera, agazapado y temblando,
el próximo golpe sin sentido.
El del pequeño que no tiene juguetes,
ni palabra confortante,
sino sólo la venganza materna
por un padre ausente y disoluto.
El hijo de la pobreza espiritual,
de la casa sin pan,
del día sin amor,
de la droga sin paz ni inteligencia,
de la extraña noche de los humanos
que oscurece la vida
hasta diluirla en una pesadilla.

Es por eso, y no, no lo soporto.
Que el llanto de un solo niño
atraviesa mi paz.
Y se me vuelve llanto total,
desesperado grito
para seguir luchando.

De *Poemas del esplendor*

Editorial de la Universidad Estatal a Distancia,
San José (2016).

FÁBULA DEL CORTÉS AMARILLO

Tabebuia ochracea
A la memoria de Laura Pérez Echeverría
cuyas cenizas alimentan por su deseo,
las raíces de un cortés amarillo.

Fue sólo un estallido de luz,
tan sorpresivo, tan inédito,
que me paralizó.
Los automóviles seguían en su rutina
de cuatro ruedas y velocidad,
como si nada estuviera alterando
la calle y sus márgenes poblados.
Pero allí estaba, sereno
en su esplendor silente.
Tuve que detenerme
sobre las piedras del arcén,
frente a su vera.
No era amarillo ni dorado,
era un enjambre enfurecido
de flores desprendiéndose,
una copa de soles químicamente puros,
sin hojas ni verdores.
Un árbol que se alimenta todo el año
gracias a su raíz profunda y verdadera,
para construir un marzo desafiante
de amarillos de cadmio
y gritar a los vientos: - ¡*estoy vivo,*
y soy un esplendor, un golpe de oros.

Dejen por un instante la rutina,
y disfruten la espléndida energía
de este poder de sol con que me perpetúo!

No pude regresar a mirar nuevamente
tanta espléndida lumbre sin tarimas.
Cuando pasé, una semana más
de ajetreos y luciérnagas,
no logré distinguirlo del conjunto.
Temí por él, como si un mal prodigio
nos lo hubiera talado, rencoroso.
Pero fueron los días, en su ciclo finito
y era ya un árbol como todos,
lleno de hojillas vibrantes y atrevidas,
que cercaban la calle, entre humos vocingleros.
Habrá un nuevo marzo cada año
para que una miríada de soles desprendidos
caiga sobre nuestras cabezas
y haga estallar nuestra rutina ambigua
con la belleza a gritos que nos llama
desde árboles y cielos esplendentes.

HIMNO TERRESTRE

Somos un resplandor.
Una bandera de luz contra la nada.
¿Qué importa el engañoso guiño
de una eternidad que no sabemos?
Somos un testimonio de la vida,
un segundo sagrado entre esas dos tinieblas
que nos gestaron y que nos destruyen.

Haber vivido es la gesta más bella.
La más sublime y la más falaz.
Una contradicción que nos construye,
una canción "a capella" ante la muerte.
Vivir y abandonarse frente al mar
Entre la gesta de amor de las mareas,
o en las cumbres y su grito de azules,
o en el bosque y sus dominios
de hojas y vientos que se aman
en la complicidad de las tormentas,
es ser uno con toda esta cuna terrestre
que nos gestó y nos recibirá algún día
para fundirnos, dóciles, con su entraña agorera.

Somos una pregunta
que no busca respuesta pues la sabe imposible.
Vivamos, pues, en el esplendor lúcido
de la fiesta del día,
del amor de los otros, siempre inmerecido,

de la hoja que cuenta con el incendio diario
del sol y sus delirios.
Hemos sobrevivido
y ya estamos en casa.

Desde la cárcel

Cuando los primeros obreros
entraron a demoler algunos muros
de aquella vieja cárcel,
más prisión inhumana que castillo,
más arca de sufrimientos que encierro,
para transmutarla en un moderno museo
donde los niños aprendieran jugando,
encontraron leyendas en las viejas paredes,
inscripciones grabadas a cuchilla,
torpes letreros de desesperación y hastío,
oraciones," aquiestuvos" y obscenidades
de todos los colores.
El ser humano necesita hacer de su dolor
una punta de buril o de tinta
que sobreviva más allá del lamento.
De todas ellas,
¿cuál fue la frase repetida más veces
en aquellas piedras testigo,
piedras expiación?
¿Allí donde el dolor se hizo
bandera avergonzada
de tantos hombres recios?

"Amor de madre" en las cancelas,
en las paredes y su piedra desnuda,
en el silencio agonizante
de las puertas tapiadas:

"amor de madre", "amor de madre".
Ella es la que no falla,
no olvida, ni aborrece.
Ella, aquí, en la desgracia
Ella sola en las horas de visita.
Ella trayendo vida a tantas horas muertas
y bocados caseros contra el hambre
y la infame cocina del presidio.

Ella no falla, ni olvida, ni aborrece.
"Amor de madre... ¡Amor de madre!

PARADOJAS DEL RÍO

¿Que los ríos no se devuelven?
Quien lo dijo no supo del río Sierpe,
el de la sabana profunda y aún secreta,
sureñamente rica en sus verdes espejos,
serenamente pobre en sus pueblos perdidos
entre el enjambre malva de sus atardeceres.

En su fluir gozoso, montaña abajo,
el Sierpe va llenándose de lirios azogados,
mansamente floridos,
mansamente camino,
semejante a un cortejo
de rosados y verdes esplendores.

Ya cercano a la mar
-que sí, que no-
se devuelve en sus lirios
-una y otra vez-
como si quisiera salvarlos de la salina destrucción.

Y es que, al abrirse al mar,
ensanchados sus brazos con el inmenso Térraba,
que es un río peregrino de tierras tan distantes,
forman ese estuario de vida y muerte
entre marea y marea,
donde los sombreados manglares
acogerán dulcísimos la agonía de los lirios,

alimento de peces, camarones,
y toda esa cosecha secreta y subacuática
del humedal sonoro.
¿Que los ríos no se devuelven?
Recorrerás, viajero,
toda la mansedumbre del Sierpe silencioso
y la congoja de sus lirios flotantes
que huyen de la muerte entre marea y marea,
una y otra vez,
para asegurar, entre asombro y asombro,
que algunos ríos sí se devuelven.

ACERCA DE LA AUTORA

Biografía coloquial de Julieta Dobles

La poesía me sorprendió a mí de la mano de mi madre. Desde los cuatro años, escuchaba desde los labios de ella, excelente declamadora, maestra de escuela y poeta inédita, a sus poetas preferidos: Martí, Darío, Storni, Mistral, Ibarborou y muchos más, que nos decía de memoria, a sus cinco hijas. Y empecé a memorizar aquellos versos sonoros, que mi madre declamaba con su voz de campana.

Cuando, ya en la escuela, aprendí a escribir y quise expresar mis emociones, fue natural que lo hiciera en poesía Y cuando mis maestras lo descubrieron, pasé diciendo mis propios poemas y los de otros escritores, en las veladas y asambleas escolares: a mis padres, al moscardón, a una flor, a las muñecas, a una mariposa, al sol. Era un hermoso juego que me divertía, el de encontrar los vocablos y las rimas.

A los veinte años llevé mi cuadernillo de poemas de amor colegial al poeta Laureano Albán, coordinador del primer Taller Literario que se impartió en San José, heredero del Grupo de Turrialba, y allí descubrí que la poesía era mi profesión del alma. Y que mi madre, que nunca pudo publicar sus propios poemas por las restricciones sociales que la mujer creativa sufría en aquellos años, había tomado venganza: me había hecho poeta a mí, poeta para toda la vida.

Este poeta, Albán, que yo creía mayor porque publicaba mucho en los diarios era sólo un año mayor que yo. Por supuesto, nos enamoramos a la luz de la poesía, y a los cuatro años nos casamos. A pesar de la diferencia de caracteres, nuestro matrimonio duró 33 años, y fue rico en hijos -tuvimos cinco, cuatro niños y una niña, hoy todos adultos y personas de bien, solidarios y luchadores- poemas, viajes, amistad, pasión y hermosas vivencias, aunque los últimos años fueron de resistencia por el hecho de empezar a envejecer en diferentes direcciones. Él hacia un mayor retiro y creatividad solitaria. Yo, hacia una mayor proyección de mi obra literaria y de mis inquietudes sociales y educativas. Por eso nos divorciamos sin odios y conservamos una amistad cordial pero lejana.

La educación fue mi segunda pasión. Trabajé casi cuarenta años en ella, Primero como profesora de Biología y Química en la Escuela Secundaria por 15 años. Y luego, cuando pude obtener mi maestría en Literatura Hispanoamericana, en la Universidad del Estado de Nueva York, sede de Stony Brook, regresé a mi país a trabajar en la enseñanza de las Humanidades, en la Escuela de Estudios Generales de la Universidad de Costa Rica, por casi veinticinco años más, donde también impartí por varios años, talleres literarios. Ahora, con buena salud y buen ánimo, ya jubilada, publiqué en el 2016 mi libro número dieciséis, **Poemas del esplendor**, sin contar las antologías ni las publicaciones de obra en marcha. Entre los poemarios publicados hay un solo libro de prosa: **Envejecer cantando**, que es un libro de investigación sobre salud y vitalidad para la tercera edad. Estoy convencida

que en la mayoría de los casos nuestra salud está en nuestras manos, y depende de nuestros hábitos. Por eso creo en el principio budista de que la ignorancia es el único pecado. De allí se desprenden todos los demás.

Tengo en preparación un libro de relatos: **Como la misma vida** y un nuevo poemario: **Desde la alta ventana de los años**, que espero publicar pronto. Viajo mucho, en alas de la poesía, pues voy donde me inviten a leerla. Participo, como tallerista de toda la vida, en el Taller Literario

Poiesis, dirigido por el poeta Ronald Bonilla, y formo parte de la Fundación Casa de Poesía, organizadora de los Festivales Internacionales de Poesía de Costa Rica. Soy miembro fundador de la Asociación Costarricense de Escritoras (ACE), y en este momento su vicepresidenta. Y soy miembro de número de la Academia Costarricense de la Lengua.

A los casi 76 años tengo un amigo del alma y compañero, el poeta Carlos Enrique Rivera del inicial grupo de Turrialba, condiscípulo de Jorge Debravo. Amo la naturaleza y las cualidades hermosas de los seres humanos. Tengo cinco nietos, y me encantan los niños, como continuación de la vida y garantía de que la humanidad seguirá, si la codicia humana, representada por los grandes intereses de las corporaciones productivas puede controlarse. Creo en la familia y en el amor y valoro mucho la amistad. Creo que el ser humano viene a este mundo a descubrir y desarrollar sus talentos y a ponerlos al servicio de los demás. Por eso la calidad de la educación de cada país es vital para el futuro de la humanidad.

¡Vivan para siempre la vida y la poesía!

ÍNDICE

POEMAS DEL REENCUENTRO

Prólogo · 11

De *Reloj de siempre* (1965)

Un hijo · 41
De los otros · 42
Oración inconclusa · 44

De *El peso vivo* (1968)

Canto en vano para una resurrección · 47
Canto para los niños sin infancia · 49
Compañera · 52

De *Los pasos terrestres* (1976)

Comunión · 57
Retrato cotidiano · 59
Nacimiento · 62
Solo para niños · 64
Elogio a la tristeza · 66

De *Hora de lejanías* (1981)

Música en la caricia · 71
Olivo invernal · 73
Retamas · 75
La puerta imposible · 77
Identidad terrestre · 79
Antiguo pacto · 81
Carta sin tiempo · 84

De *Los delitos de pandora* (1987)

Último aquelarre · 89
Contrapunto y quimera · 92
Cinco heridas para morir de amor
(fragmentos) · 97
Canción de los tres asombros
(fragmento) · 100

Una viajera demasiado azul (1990)

Una viajera demasiado azul · 107
Persistencia del romero (fragmento) · 109
Peregrina en belén · 111
Equipaje judío · 114

Del *Amar en jerusalén* (1992)

Elogio de los senos · 119
Caramelos para el niño eterno · 122

De *Costa Rica poema a poema*

Amarguras del limón dulce *(citrus aurentifolia)* · 127
Legado del cas *(psidifriedrichsthalianum)* · 129
Cantata del cedral *(cedrelaodorata)* · 132
Itinerario de la tortilla · 134
Junio · 136
Agosto · 140

De *Poemas para arrepentidos* (2003)

Ronda del niño interior · 145
Lucha con la cebolla · 146
Concierto de vida y muerte · 148

Casas de la memoria (2005-2015)

Refugio para dos · 153
La casa del mar · 155
La casa escondida · 158

De *Fuera de álbum* (2005)

De niños y de árboles · 163
Ráfaga · 164
Fuga de muerte · 166
La última muñeca · 168
La casa cerrada · 170

De *Cartas a Camila* (2007)

Quinta carta · 175
Sexta carta · 177
Octava carta · 179
Decimotercera carta · 181

De *Hojas furtivas* (2007)

De palabras · 185
Ágatas · 187
El inventado · 188
Sábanas por lavar · 190
Cómplice cristal · 192

De *Trampas al tiempo* (2014)

Primer amante · 197
Bandera · 199
Después · 200
Dos lluvias · 202
Designio vital · 204
Lunaridades · 206
Poema de los setenta marzos · 208
Primer asombro · 210
El mar como salvación · 212
Jugando con Santi · 214
Llanto de niño · 216

De *Poemas del esplendor*

Fábula del cortés amarillo · 221
Himno terrestre · 223
Desde la cárcel · 225
Paradojas del río · 227

Acerca de la autora · 231

STONE OF MADNESS COLLECTION
COLECCIÓN PIEDRA DE LA LOCURA
Personal Anthologies Collection
(Homage to Alejandra Pizarnik)

1
Colección Particular
Juan Carlos Olivas (Costa Rica)

2
Kafka en la aldea de la hipnosis
Javier Alvarado (Panamá)

3
Memoria incendiada
Homero Carvalho Oliva (Bolivia)

4
Ritual de la memoria
Waldo Leyva (Cuba)

5
Poemas del reencuentro
Julieta Dobles (Costa Rica)

6
El fuego azul de los inviernos
Xavier Oquendo Troncoso (Ecuador)

7
Hipótesis del sueño
Miguel Falquez Certain (Colombia)

8
Una brisa, una vez
Ricardo Yáñez (México)

9
Sumario de los ciegos
Francisco Trejo (México)

10
A cada bosque sus hojas al viento
Hugo Mujica (Argentina)

11
Espuma rota
María Palitachi a.k.a. Farazdel (Dominican Rep.)

12
Poemas selectos / Selected Poems
Óscar Hahn (Chile)

13
Los caballos del miedo / The Horses of Fear
Enrique Solinas (Argentina)

14
Del susurro al rugido
Manuel Adrián López (Cuba)

15
Los muslos sobre la grama
Miguel Ángel Zapata (Perú)

16
El árbol es un pueblo con alas
Omar Ortiz (Colombia)

17
Demasiado cristal para esta piedra
Rafael Soler (España)

18
Sobre la tierra
Carmen Nozal (España/México)

19
Trofeos de caza
Alfredo Pérez Alencart (Perú/España)

POETRY
COLLECTIONS

ADJOINING WALL
PARED CONTIGUA
Spaniard Poetry
Homage to María Victoria Atencia (Spain)

BARRACKS
CUARTEL
Poetry Awards
Homage to Clemencia Tariffa (Colombia)

CROSSING WATERS
CRUZANDO EL AGUA
Poetry in Translation (English to Spanish)
Homage to Sylvia Plath (United States)

DREAM EVE
VÍSPERA DEL SUEÑO
Hispanic American Poetry in USA
Homage to Aida Cartagena Portalatin (Dominican Republic)

FIRE'S JOURNEY
TRÁNSITO DE FUEGO
Central American and Mexican Poetry
Homage to Eunice Odio (Costa Rica)

INTO MY GARDEN
English Poetry
Homage to Emily Dickinson (United States)

I SURVIVE
SOBREVIVO
Social Poetry
Homage to Claribel Alegría (Nicaragua)

LIPS ON FIRE
LABIOS EN LLAMAS
Opera Prima
Homage to Lydia Dávila

LIVE FIRE
VIVO FUEGO
Essential Ibero American Poetry
Homage to Concha Urquiza (Mexico)

FEVERISH MEMORY
MEMORIA DE LA FIEBRE
Feminist Poetry
Homage to Carilda Oliver Labra (Cuba)

REVERSE KINGDOM
REINO DEL REVÉS
Children's Poetry
Homage to María Elena Walsh (Argentina)

STONE OF MADNESS
PIEDRA DE LA LOCURA
Personal Anthologies
Homage to Julia de Burgos (Argentina)

TWENTY FURROWS
VEINTE SURCOS
Collective Works
Homage to Julia de Burgos (Puerto Rico)

VOICES PROJECT
PROYECTO VOCES
María Farazdel (Palitachi)

WILD MUSEUM
MUSEO SALVAJE
Latino American Poetry
Homage to Olga Orozco (Argentina)

Children's Literature

KNITTING THE ROUND
TEJER LA RONDA
Homage to Victoria Ocampo (Chile)

Fiction

INCENDIARY
INCENDIARIO
Homage to Beatriz Guido (Argentina)

Drama

MOVING
MUDANZA
Homage to Elena Garro (México)

Essay

SOUTH
SUR
Homage to Victoria Ocampo (Argentina)

Non Fiction

BREAK-UP
DESARTICULACIONES
Homage to Silvia Molloy (Argentina)

Para los que creen como Julieta Dobles que la poesía es un acto de fe, este libro se terminó de imprimir en el mes de enero de 2024 en los Estados Unidos de América.

www.ingramcontent.com/pod-product-compliance
Lightning Source LLC
Chambersburg PA
CBHW020328170426
43200CB00006B/307